Capoeira

Das ultimative Handbuch zu Capoeira-Bewegungen und -Techniken für Anfänger

© Copyright 2024

Alle Rechte vorbehalten. Kein Teil dieses Buches darf in irgendeiner Form ohne schriftliche Genehmigung des Autors reproduziert werden. Rezensenten dürfen in Besprechungen kurze Textpassagen zitieren.

Haftungsausschluss: Kein Teil dieser Publikation darf ohne die schriftliche Erlaubnis des Verlags reproduziert oder in irgendeiner Form übertragen werden, sei es auf mechanischem oder elektronischem Wege, einschließlich Fotokopie oder Tonaufnahme oder in einem Informationsspeicher oder Datenspeicher oder durch E-Mail.

Obwohl alle Anstrengungen unternommen wurden, die in diesem Werk enthaltenen Informationen zu verifizieren, übernehmen weder der Autor noch der Verlag Verantwortung für etwaige Fehler, Auslassungen oder gegenteilige Auslegungen des Themas.

Dieses Buch dient der Unterhaltung. Die geäußerte Meinung ist ausschließlich die des Autors und sollte nicht als Ausdruck von fachlicher Anweisung oder Anordnung verstanden werden. Der Leser / die Leserin ist selbst für seine / ihre Handlungen verantwortlich.

Die Einhaltung aller anwendbaren Gesetze und Regelungen, einschließlich internationaler, Bundes-, Staats- und lokaler Rechtsprechung, die Geschäftspraktiken, Werbung und alle übrigen Aspekte des Geschäftsbetriebs in den USA, Kanada, dem Vereinigten Königreich regeln oder jeglicher anderer Jurisdiktion obliegt ausschließlich dem Käufer oder Leser.

Weder der Autor noch der Verlag übernimmt Verantwortung oder Haftung oder sonst etwas im Namen des Käufers oder Lesers dieser Materialien. Jegliche Kränkung einer Einzelperson oder Organisation ist unbeabsichtigt.

Inhaltsverzeichnis

EINFÜHRUNG 1
KAPITEL 1: WAS IST CAPOEIRA? 3
KAPITEL 2: RODA, JOGO UND DAS GRADUIERUNGSSYSTEM 11
KAPITEL 3: WARUM WIRD CAPOEIRA ALS KAMPFSPORTART PRAKTIZIERT? 18
KAPITEL 4: CAPOEIRA ANGOLA VS. REGIONALES CAPOEIRA 27
KAPITEL 5: GRUNDLEGENDE CAPOEIRA-PRINZIPIEN UND -BEWEGUNGEN 37
KAPITEL 6: ANGRIFFSBEWEGUNGEN BEIM CAPOEIRA 49
KAPITEL 7: VERTEIDIGUNGSFORMEN IM CAPOEIRA 59
KAPITEL 8: GRUNDLEGENDE TECHNIKEN IM CAPOEIRA 70
KAPITEL 9: DIE VERBINDUNG VON CAPOEIRA MIT TANZ UND MUSIK 83
KAPITEL 10: CAPOEIRA UND FITNESS 94
KAPITEL 11: DAS CAPOEIRA-WORKOUT 105
KAPITEL 12: VERBESSERE DEINE FÄHIGKEITEN 114
FAZIT 123
QUELLENANGABEN 125

Einführung

Capoeira ist eine ausdrucksstarke Form des Kampfsports, die mehr als nur Kampfbewegungen beinhaltet. Obwohl es als Kampfsport gilt, ist es eher ein Tanz als alles andere. In diesem Buch erfährst du auch etwas über die Musik, die bei Capoeira-Aufführungen verwendet wird, und über die Geschichte dahinter. Wenn du daran interessiert bist, einen ausgefeilten und einzigartigen Tanzstil zu erlernen, wird dir dieses Buch helfen, dich mit den Grundtechniken vertraut zu machen und dich auf den richtigen Weg zu bringen, Capoeira zu lernen.

Viele Kampfsportler/innen lernen Capoeira, weil es eine großartige Möglichkeit ist, zu trainieren. Die meisten anderen Kampfsportarten beinhalten Stellungen oder Pausen, um den Kämpfern die Möglichkeit zu geben, ihre Gegner einzuschätzen. Bei Capoeira ist das nicht der Fall. Du bewegst dich ständig im Rhythmus der Musik. Das steigert deine körperlichen und geistigen Fähigkeiten. Capoeira verbessert deine Konzentration und lehrt dich, die Bewegungen deines Gegners zu antizipieren, während du dich selbst bewegst. Außerdem wird deine Beweglichkeit deutlich verbessert, weil du alle Muskeln dehnst und dich auf eine Weise verbiegst, wie du es noch nie getan hast. Auch dein Gleichgewicht und die Koordination deines Ober- und Unterkörpers werden verbessert, wenn du dich daran gewöhnst, deine Rumpfmuskeln, Arme, Hände, Beine und Füße für die Capoeira-Aktionen einzusetzen. Das ist ein tolles Ganzkörpertraining.

In den nächsten Kapiteln erfährst du mehr über die Ursprünge von Capoeira und seine einzigartige Geschichte. Außerdem erfährst du, wie sich Capoeira von anderen Kampfsportarten unterscheidet und was es so fesselnd macht! Capoeira-Darbietungen auf der Straße werden weltweit immer beliebter, und in vielen Ländern gibt es Trainingszentren. Die unglaublichen Fähigkeiten und die fließenden Bewegungen der Capoeira-Künstler/innen sind es, die die Menschen dazu bringen, diese Sportart zu lernen. Wenn du zu diesen Menschen gehörst, aber nicht weißt, wie oder wo du anfangen sollst, lies dieses Buch. Der Inhalt dieses Buches ist für dich konzipiert. Du findest die Grundlagen mit detaillierten Anleitungen für zu Hause und leicht verständlichen Illustrationen.

Dieses Buch vermittelt dir einen grundlegenden Einblick in die Welt des Capoeira und macht dich zu einem echten Capoeirista! Wir empfehlen dir auch, dir Videos mit Capoeira-Techniken anzusehen, damit du beim Lesen dieses Buches visuellen Input bekommst. Wir haben die Geschichte und die grundlegenden Techniken, die du für dein Capoeira-Training brauchst, zusammengefasst - also nichts wie los!

Kapitel 1: Was ist Capoeira?

Capoeira ist eine Form der Kampfkunst, die im 16. Jahrhundert von afrikanischen Sklaven in Brasilien entwickelt wurde. Sie hat eine gewisse Ähnlichkeit mit dem brasilianischen Jiu-Jitsu. Der Hauptunterschied besteht darin, dass Capoeira-Kämpfer/innen keinen Kontakt zueinander haben. Die Techniken bestehen aus vielen Trittbewegungen, die mit Tänzen und gymnastischen Übungen kombiniert werden. Im Gegensatz zu anderen Kampfsportarten wird Capoeira traditionell von Musik und Gesang begleitet. Sie gilt als künstlerischer als andere Kampfsportarten, da sie eher ausdrucksstark als kämpferisch ist. Kampfsportler/innen, die an Wettkämpfen teilnehmen, trainieren in der Regel Capoeira, um ihren Bewegungsradius zu vergrößern, ihre Fitness zu erhalten und ihre Flexibilität zu verbessern. Tauchen wir nun in die Welt der Capoeira ein und besprechen ihren Ursprung, ihre Geschichte und wie sie sich von anderen Kampfsportarten unterscheidet.

Ein Überblick über Capoeira

Capoeira beinhaltet eine Menge Beinarbeit und akrobatische Bewegungen. Capoeira-Kämpfer/innen bewegen sich in einem Kreis umeinander, der *Roda* genannt wird. Die Aufführung wird als Spiel und nicht als Kampf betrachtet. Die Kämpferinnen und Kämpfer zeigen ihre gymnastischen Fähigkeiten, indem sie Rückwärts-, Vorwärts- und Seitwärtssprünge mit bestimmten Handbewegungen ausführen, die einem Tanz ähneln. Musik ist ein wesentliches Element einer Capoeira-Aufführung. Die Instrumente, die gespielt werden, und die Worte, die während der Vorführung gesungen werden, leiten die Spieler/innen durch ihre Darbietung. Die Musik illustriert in der Regel die Geschichte und die Entstehung von Capoeira. Diese einzigartige Kampfkunst beinhaltet scharfe Bewegungen, die die Gewalt, den Rassismus und schließlich die Freiheit widerspiegeln, die die Menschen erlebten, als Capoeira entstand. Die ganze Routine ist philosophischer Natur und fängt die Essenz der afrikanischen Kultur ein, als sie in Brasilien eingeführt wurde.

Die Musik, die beim Capoeira gespielt wird, besteht aus traditionellen Liedern, die sich je nach Gruppe oder Region ein wenig unterscheiden können. Jede Gemeinschaft hat einzigartige Lieder geschaffen, indem sie ein wenig von ihrer eigenen Kultur einfließen ließ. Das Hauptinstrument der Capoeira ist die Berimbau, ein Holzinstrument, das als etwas Heiliges gilt, da es mit der Sklaverei und den Ungerechtigkeiten, denen die Sklaven damals ausgesetzt waren, in Verbindung gebracht wird. Zu den traditionellen Capoeira-Liedern gehört der Samba de *Roda*, der den Samba-Melodien ähnelt und eine Mischung aus brasilianischer und afrikanischer Musik enthält. Mit anderen Liedern wird eine langsame Aufführung mit niedrigen, bodennahen Bewegungen eingeleitet. Einige Lieder erinnern an die Geschichte des Sports, andere sind energiegeladen und peppig und werden meist mit einem schnellen und kraftvollen Tanz zelebriert.

Wenn du dir Videos über Capoeira ansiehst, bist du vielleicht eingeschüchtert von den Fähigkeiten und der Fitness der Ausführenden. Bedenke, dass es Jahre dauert, diese Form des Kampfsports zu beherrschen. Du brauchst vielleicht ein Jahr regelmäßiges Training, um deinen ersten Gürtel zu bekommen, und noch länger, um die nächste Stufe zu erreichen. Capoeira-Experten helfen dir gerne dabei, dich weiterzuentwickeln, denn eines der wichtigsten Prinzipien dieses Spiels ist es, denjenigen zu helfen, die weniger Erfahrung haben als du. Denk daran, den Lernprozess zu genießen und einen Schritt nach dem anderen zu machen. Kein Ausbilder wird dich drängen, Backflips zu lernen, wenn du gerade erst anfängst. Du musst viel trainieren, um die Kraft zu bekommen, die du brauchst, um die Bewegungen auszuführen, ohne dich zu verletzen. Mithilfe der Anleitungen in diesem Buch und dem Anschauen von Capoeira-Videos kannst du mit dem Training beginnen.

Das Capoeira-Training wird dir helfen, konzentriert zu bleiben und dich motivieren, deine Fähigkeiten zu verbessern. Wie jede andere

Sportart oder Kampfsportart erfordert auch Capoeira regelmäßiges Üben mit höchster Konzentration und Engagement. Am Anfang bist du vielleicht etwas überfordert, aber Ausdauer ist der Schlüssel zum Erreichen fortgeschrittener Stufen. Mach es dir zur Gewohnheit, Capoeira-Musik zu hören und Videos anzuschauen, sowohl von Aufführungen als auch von Trainingseinheiten. Regelmäßiges Dehnen ist immer gut, auch außerhalb der Trainingsstunden. Dadurch trainierst du deine Muskeln und machst sie flexibler, ohne dass du das Gefühl hast, es sei eine lästige Pflicht. Wenn du diese Praktiken in deinem Leben anwendest, wird dir das helfen, die Welt von Capoeira zu verstehen, zu schätzen und zu genießen.

Der Ursprung und die Geschichte von Capoeira

Capoeira wurde angeblich im 16. Jahrhundert von versklavten Afrikanern entwickelt, die von den Portugiesen nach Brasilien gebracht wurden. Die Tradition des rituellen Tanzes mit Tritten, Schlägen, Handbewegungen und kunstvollen Bewegungen wurde von Afrikanern praktiziert, die ursprünglich aus dem heutigen Angola kamen. Dieses religiöse Ritual wurde durchgeführt, weil die Menschen glaubten, dass es sie mit ihren Vorfahren im Jenseits verband.

Die portugiesischen Kolonisten versklavten Afrikaner, um auf den Zuckerrohrfeldern zu arbeiten. Sie wurden gezwungen, unter unmenschlichen Bedingungen zu arbeiten. Sie konnten sich nicht gegen die Kolonisten auflehnen, weil ihnen Waffen und Kenntnisse über das neue Land fehlten. Capoeira war eine Möglichkeit, der Folter zu entkommen, der sie jeden Tag ausgesetzt waren. Die Bewegungen wurden genutzt, um auszudrücken, wie sie einen Kampf gegen die feindlichen Kolonisten unbewaffnet gewinnen konnten. Capoeira wurde auch als Tanz benutzt, um die Tatsache zu verschleiern, dass sie eigentlich eine Kampfsportart trainierten.

In den nächsten Jahrhunderten blieben die Techniken des Capoeira erhalten und die Kampfkunst florierte. Viele versklavte Menschen nahmen Jobs an, die über die Arbeit hinausgingen, die sie für ihre Herren verrichten mussten, und erhielten dafür einen Teil ihres Lohns. Sie übten Capoeira während und nach ihrer Arbeitszeit. Das ging bis zum 19. Jahrhundert so, als das Verbot von Capoeira in Kraft trat. Das herrschende Regime sah darin eine Bedrohung, und so wurde jeder, der bei der Ausübung von Capoeira erwischt wurde, verhaftet.

Widerstandsgruppen

Einigen versklavten Afrikanern gelang es, ihren Unterdrückern zu entkommen, indem sie externe Gemeinschaften, sogenannte Quilombos, bildeten. Sie zogen in abgelegene Regionen außerhalb der Reichweite der Kolonisten und wurden immer größer, da sich ihnen nach und nach andere versklavte Menschen, brasilianische Einheimische und sogar europäische Gesetzlose anschlossen. Einige Gemeinschaften wuchsen so stark, dass sie einen von Brasilien getrennten Staat bildeten und verschiedene Ethnien umfassten. Die Menschen durften frei leben und ihre Traditionen pflegen, wie es ihnen gefiel, fernab von den Vorschriften des Kolonialrechts. Durch die Vermischung der Kulturen entwickelte sich Capoeira von einem traditionellen Tanz zu einer Kampfsportart mit Techniken, die im Krieg eingesetzt werden konnten.

Eine der größten und bekanntesten Gemeinschaften hieß Quilombo dos Palmares. Sie bestand mehr als hundert Jahre lang und umfasste zahlreiche Dörfer. Sie überlebten mehrere Angriffe und Invasionen. Die portugiesischen Kolonialbeamten berichteten, dass es schwierig war, die Menschen zu Fall zu bringen, weil sie beim Kämpfen seltsam strukturierte Kampfbewegungen verwendeten.

Capoeira verbreitete sich verstärkt in den Städten, als diese immer größer wurden und mehr versklavte Menschen in Großstädte wie Rio de Janeiro gebracht wurden. Zu dieser Zeit erließ die Regierung Gesetze, um Menschen, die Capoeira praktizierten, zu kriminalisieren, weil sie mit Rebellen gegen das aktuelle Regime in Verbindung gebracht wurden. Koloniale Bedienstete machten Capoeira-Praktizierende ausfindig, um sie öffentlich hinzurichten. Etwa ein Drittel der damals verhafteten Menschen wurde wegen der Ausübung von Capoeira angeklagt.

Ende des 19. Jahrhunderts fand die Sklaverei allmählich ein Ende. Grund dafür waren die zunehmenden Angriffe von rebellischen Gruppen, die immer strukturierter und schwer bewaffnet waren. Die ehemaligen Sklaven hatten keine Arbeit und kein Zuhause mehr und wurden von den einheimischen Brasilianern diskriminiert. Daraufhin begannen die Menschen, Capoeira auf einzigartige Weise zu nutzen. Sie arbeiteten für Banden als Leibwächter und überfielen sogar Städte. Zu diesen kriminellen Gruppen gehörten Capoeira-Experten aus verschiedenen Kulturen und Ethnien. Die neue brasilianische Regierung kriminalisierte Capoeira immer noch, aber die Menschen übten es in abgelegenen Regionen aus, die vom Zugriff der Polizei verschont blieben.

Zu Beginn des 20. Jahrhunderts wurden die diskriminierenden Gesetze gegen Capoeira-Praktizierende gelockert, als Kampfsportlehrer begannen, die Bewegungen in ihr Training einzubeziehen. Sie mischten die Bewegungen mit anderen Kampfsportarten, um Selbstverteidigungstechniken zu entwickeln. Einige Trainer ließen den musikalischen Teil von Capoeira weg, um das Training vor der Polizei zu verschleiern. Nach und nach erlebten die Capoeira-Techniken ein Comeback, aber sie verloren den kulturellen Aspekt, weshalb die ursprüngliche Form von Capoeira als Kunst zu verblassen begann.

Das war so lange, bis ein Capoeira-Meister aus Salvador namens Mestre Bimba ein Trainingssystem namens Luta Regional Baiana entwickelte, um die ursprüngliche Form des Capoeira zu lehren, und 1932 die erste Schule gründete. Acht Jahre später wurde Capoeira schließlich legal, und 1941 gründete Mestre Pastinha eine weitere Capoeira-Schule namens Centro Esportivo de Capoeira Angola, die bei den traditionellen Capoeira-Künstlern sehr beliebt war. Der traditionelle Stil wurde später als Capoeira Angola bekannt. Die Regierungsbeamten fühlten sich immer noch von der Ausübung von Capoeira bedroht, aber in den 1980er Jahren akzeptierte das derzeitige Regime die Praxis unter den Schülern als eine Form der tänzerischen Kampfkunst, so dass sie heute als solche bekannt ist.

Heute ist Capoeira als einzigartiger Teil der brasilianischen Kultur bekannt und wird in vielen Ländern unterrichtet. Besonders beliebt ist diese fantastische Kampfsportart bei Touristen, die jedes Jahr nach Brasilien kommen, um sich Straßenvorführungen anzusehen. Capoeira-Enthusiasten auf der ganzen Welt bemühen sich, Portugiesisch zu lernen, damit sie die Lieder verstehen können, die während der Vorführungen gespielt werden. In den letzten Jahren sind Capoeira-Darbietungen, die akrobatische und rhythmische Bewegungen beinhalten, weltweit immer häufiger zu sehen.

Wie sich Capoeira von anderen Kampfkünsten unterscheidet

Die meisten Kampfkünste haben ihren Ursprung in asiatischen Ländern wie China und Japan. Auf den ersten Blick sieht eine Capoeira-

Darbietung eher wie ein Tanz als eine Kampfsportart aus. Die Bewegungen sind weicher und fließender als die gezielten und kraftvollen Tritte und Schläge anderer Kampfsportarten wie Judo oder Taekwondo. Ein Capoeira-Tänzer bleibt ständig in Bewegung, und die Capoeira-Musik begleitet seine Kicks und Flips während der Darbietung.

Capoeira-Bewegungen sind näher am Boden, da sich der Kämpfer mehr auf seinen Unterkörper verlässt, um komplizierte Bewegungen auszuführen. Die Kernbewegung von Capoeira heißt *Ginga*. Anders als bei anderen Kampfsportarten stehen Capoeira- Sportler/innen nicht still, sondern schaukeln in großen Schritten vor, zurück und zur Seite. Diese Techniken dienen dazu, den Kämpfer oder die Kämpferin zu einem schwierigen Ziel zu machen und den Gegner daran zu hindern, seinen nächsten Zug vorauszusehen. Im Vergleich zu anderen asiatischen Kampfsportarten zeichnet sich Capoeira durch fließende, tänzerische Bewegungen aus, während andere Kampfsportarten wie Karate mit scharfen Bewegungen und plötzlichen Positionswechseln arbeiten.

Capoeira ist in diesem Bereich nicht gerade effektiv, wenn es um Selbstverteidigung geht. Da es bei einer *Roda* keinen Kontakt zwischen den Beteiligten gibt, ist Capoeira keine brauchbare Option, um gegen einen Gegner zu kämpfen. Viele Kampfsportlehrer/innen nutzen jedoch Capoeira-Techniken, um ihre Schüler/innen zu trainieren, weil sie die Flexibilität, Fitness und Kraft fördern.

Terminologien

Capoeira wird als Teil der brasilianischen Kultur durch eine Darbietung oder ein Spiel zwischen zwei Personen zelebriert. Eine Capoeira-Routine wird als Präsentation für die Massen oder zu Trainingszwecken aufgeführt. Es geht nicht darum, den Gegner zu verletzen, sondern eher darum, die eigenen Fähigkeiten zu zeigen. Als Capoeira-Experte oder Capoeirista achtest du darauf, dass du deinen Gegner nicht mit dem Fuß triffst, denn du hast bereits bewiesen, dass deine Fähigkeiten besser sind. So läuft es normalerweise auf der Straße ab, aber bei privaten Veranstaltungen mit fortgeschrittenen Capoeiristas kann es auch gewalttätiger zugehen.

Ein Capoeira- Match kann überall stattfinden, aber meistens findet es innerhalb eines Kreises oder einer *Roda* statt, die von den Musikern oder Kämpferinnen gebildet wird. Die Musiker spielen traditionelle Instrumente und singen Lieder, die für die Capoeira-Kultur typisch sind.

Diese Musik gibt das Tempo des Spiels vor. Jedes Spiel kann enden, wenn ein Spieler die *Roda* verlässt oder ein anderer sie betritt. Es kann auch enden, wenn einer der Berimbau-Spieler beschließt, aufzuhören. Straßenvorführungen beinhalten mehr akrobatische Bewegungen als ernsthafte Kämpfe, die mehr Takedowns als öffentliche Präsentationen beinhalten.

Ein anderer Begriff für eine *Roda* ist *Batizado*, was eine zeremonielle Straßenvorführung ist. Neue Capoeira-Schüler/innen werden in einem *Batizado* als frischgebackene Absolvent/innen vorgestellt, und fortgeschrittene Schüler/innen können für das Erreichen eines höheren Grades ausgezeichnet werden. Normalerweise treten die Schüler/innen in einem *Batizado* gegen ihren Meister oder einen erfahrenen Spieler an. Das endet normalerweise mit einem Takedown des Schülers. Ein Ruf oder *Chamada* kann während eines Spiels zu den Melodien von Angola erfolgen. Der ranghöhere Spieler leitet diesen Teil ein, indem er seinen Gegner auffordert, an einem Tanzritual teilzunehmen. Der neuere Kämpfer oder die Kämpferin antwortet, indem sie sich auf den Rufenden zubewegen, und sie gehen gemeinsam Seite an Seite, bevor sie das Spiel fortsetzen.

Wenn zwei Kontrahenten ihre aktuellen Bewegungen abgeschlossen haben, beginnen sie, sich in entgegengesetzten Richtungen zu umkreisen, in einer Bewegung, die *Volta ao mundo* oder Auszeit genannt wird. Sie nutzen diese Bewegung, um kurz zu pausieren, bevor sie ihr Spiel fortsetzen. Die Kämpfer oder Kämpferinnen müssen die Fähigkeit besitzen, die böswilligen Absichten ihres Gegners vorauszusehen, was als *Malandragem* bezeichnet wird. Sie können auch *Mandinga* oder Magie einsetzen - nicht im wörtlichen Sinne, sondern als Konzept. Diese Technik wird von cleveren Kämpfern oder Kämpferinnen eingesetzt, um ihre Gegner zu täuschen.

Musikinstrumente und Lieder

Wir haben bereits festgestellt, dass Musik ein wichtiger Teil der Capoeira-Kultur ist. Bei einer *Roda* stehen die Musiker in einer Reihe oder einer *Bateria*, was Schlagzeug bedeutet. Diese Reihe ist ein beliebtes Konzept im brasilianischen Samba. Zur traditionellen Aufstellung gehören Berimbau-, *Pandeiro*-, *Atabaque*-, *Agogô*- und *Ganzá*-Spieler, deren Anzahl je nach Kultur der Gruppe variiert. Berimbau-Spieler/innen geben den Ton für das gesamte Musikstück an, indem sie das Tempo der Musik und das Tempo des gesamten Spiels bestimmen. Die tiefen Berimbau-Spieler/innen spielen die Basstöne, und der/die hohe Spieler/in improvisiert eine Soloperformance. Die anderen Instrumente werden gespielt, um die Hauptperformance des Berimbauers zu ergänzen. Alle Musiker/innen müssen perfekt miteinander harmonieren, denn sie geben den Rhythmus des Capoeira-Spiels vor.

Beim Singen und Chanten rufen sich die Sängerinnen und Sänger entweder gegenseitig etwas zu oder erzählen etwas über die Geschichte des Capoeira. Einige Lieder erwähnen berühmte Capoeira-Künstler, andere werden gesungen, um die Spieler zu motivieren, ihr Spiel zu verbessern. Die *Ladaínha* ist ein Lied, das traditionell zu Beginn eines Spiels von dem bekanntesten Capoeirista in der *Roda* gesungen wird. Auf dieses Solo folgt ein *Louvação*, mit dem Gott in einer Art Ruf und Antwort gedankt wird. Jeder Sänger ruft ein Wort, und die anderen Sänger antworten mit einem anderen Wort.

Das zweite Grundlied ist die *Chula*, die von einem Solosänger oder einer Solosängerin gesungen wird und auf die der Chor nur wenig antwortet oder sie unterstützt. Der Solist kann bis zu acht Strophen singen, wobei der Chor mit einer Strophe antwortet, aber dieses Format kann je nach Gruppe variieren. Das dritte Capoeira-Grundlied ist der *Corrido*, bei dem der Hauptsänger und der Chor die gleiche Anzahl von Strophen singen, in der Regel jeweils zwei. Das letzte Grundlied heißt *Quadra*. Dabei wird eine Strophe viermal gesungen, wobei der Hauptsänger drei Strophen singt und der Chor mit einer Strophe antwortet.

Capoeira mag aufgrund seiner ausgefeilten Bewegungen und Techniken unmöglich zu erlernen erscheinen. Aber wie bei jeder anderen Sportart oder Kampfsportart braucht man eine gewisse Zeit, um sich mit dem Training vertraut zu machen, und es hilft, dass Musik im Spiel ist. Sie macht die Aufführungen viel angenehmer, als wenn man eine auf den Kampf ausgerichtete Form der Kampfkunst praktiziert. Die meisten Menschen fühlen sich von Capoeira angezogen, weil es so faszinierend aussieht. Obwohl die Fußarbeit scharfe und spezifische Bewegungen beinhaltet, werden diese Techniken nicht eingesetzt, um einen Gegner zu verletzen, da es bei einer *Roda* keinen Kontakt zwischen den Spielern gibt. Capoeira-Spieler/innen führen ihre Übungen aus Liebe zum Tanz, zur Kultur und zur Musik dieser wunderbaren Kampfsportart aus.

Kapitel 2: Roda, Jogo und das Graduierungssystem

Dieses Kapitel erklärt einige der wichtigsten Begriffe, die beim Capoeira verwendet werden, wie *Roda* und *Jogo*. Es hilft dabei, mehr über das Rangsystem zu erfahren und hebt einige der wichtigsten Konzepte und Ideen hinter Capoeira hervor.

Was ist Capoeira Roda?

Capoeira ist eine brasilianische Kampfsportart, die aus Akrobatik, Tanz und Musik besteht. Capoeira wird normalerweise im Kreis ausgeführt und hat starke Wurzeln in Afrika. Historisch gesehen wurde Capoeira von afrikanischen Sklaven praktiziert, die im 16. Jahrhundert nach Brasilien kamen.

Capoeira beinhaltet komplexe Manöver und Akrobatik, die häufig aus Rückwärtskicks bestehen und bei denen die Hände auf dem Boden platziert werden. Es handelt sich hauptsächlich um fließende Bewegungen statt um feste Schritte. Der Begriff Capoeira stammt von den Tupi-Wörtern *ska'a* (Wald) und *paũ* (rund), was sich auf vegetationsarme Gebiete bezieht. Dort versteckten sich früher entlaufene Sklaven in Brasilien. Ein Capoeirista ist derjenige, der diese Art von Kunst ausübt. Musik und Tanz wurden hinzugefügt, um die Tatsache zu verschleiern, dass es sich um eine Kampfkunst handelt, und Capoeiristas, die beim Training erwischt wurden, wurden verhaftet und sogar hingerichtet.

Capoeira ist eine Kombination aus Musik, Tanz, Philosophie und rituellen Elementen. All diese Komponenten bilden ein spezielles Spiel, das als *Jogo* de Capoeira (Capoeira-Spiel) bekannt ist. Das Spiel hat deutliche Einflüsse aus der brasilianischen und afrikanischen Kampfkunst und Kultur. Es besteht hauptsächlich aus Ellbogenschwüngen, Tritten, Kopfstößen, Kniehieben und Drehungen, bei denen es auf Irreführung, Geschmeidigkeit und Flexibilität ankommt. Das Ziel ist es, alle Angriffe des Gegners zu blockieren und gleichzeitig zu versuchen, den Bewegungen des Gegners zu folgen, bis sich das perfekte Angriffsfenster bietet.

Das Spiel dreht sich um trickreiche Bodenbewegungen, dynamische Akrobatik und den strategischen Einsatz von Schlägen. Die Spannung liegt in den Herausforderungen, denen sich die Spieler/innen stellen müssen, wenn sie versuchen, sich gegenseitig auszumanövrieren. Capoeira macht nicht nur unheimlich viel Spaß, sondern hilft den Spielern auch, ihre geistigen und körperlichen Fähigkeiten weiterzuentwickeln. Ursprünglich wurde dieses Spiel entwickelt, um die afrikanischen Traditionen zu bewahren, die durch die harte Realität der Sklaverei vom Aussterben bedroht waren. Für die Sklaven war dieses Spiel eine Möglichkeit zu rebellieren und es half ihnen, ihr Erbe zu bewahren, denn es beinhaltete afrikanische Tänze wie den N'Golo aus Angola und traditionelle afrikanische Instrumente.

Die Person, die die *Roda* kontrolliert, spielt eine wichtige Rolle im Spiel, und nicht jeder qualifiziert sich dafür. Alle Teilnehmer/innen an der *Roda* sind gleich wichtig, und das Publikum ist normalerweise groß und umfasst bis zu 100 Personen.

Die Roda verstehen

Die Capoeiristas spielen in einem Kreis, der *Roda* genannt wird, und dessen Radius 2 bis 3 Meter beträgt. Während des Spiels befinden sich die beiden Teilnehmer oder *Jogan* innerhalb der *Roda*, während die anderen Capoeiristas außerhalb des Kreises singen und in die Hände klatschen. Die zuschauenden Capoeiristas sitzen oder stehen. Der Capoeira-Meister hat die höchste Autorität und ist für das Geschehen in der *Roda* verantwortlich. Mehrere Regeln bestimmen das Verhalten der Spieler/innen im Spiel und helfen, auftretende Streitigkeiten zu schlichten.

Wenn die beiden Capoeiristas bereit sind, berühren sie mit ihren Händen den Boden. Sie können auch das Berimbau berühren, um sich zu segnen. Sie können auch ihre Hände in den Nacken oder auf die Stirn legen. Das ist ein Ritual, das speziell dazu dient, um Schutz während des Spiels zu bitten, und es ist abhängig von den religiösen Überzeugungen des Spielers. Die Spieler schütteln sich die Hände, bevor sie anfangen.

Die Capoeiristas betreten die *Roda* durch einen Bereich namens *Boca-da-roda*. Dieser Bereich befindet sich normalerweise vor den Instrumenten. Sobald sie drinnen sind, bleiben sie nach ein paar Schritten stehen und treten einander gegenüber in der Mitte des Stammes auf. Wenn zwei Capoeira Mestres spielen, kann niemand sie herausfordern. Wenn du ein Mestre wirst, erhältst du die höchste Autorität, um das Spiel zu kontrollieren. Wenn einer der Capoeiristas das Spiel beenden will, streckt er seine Hand nach dem Gegner aus. Dabei ist jedoch Vorsicht geboten, da dies als Taktik genutzt werden kann, um ahnungslose Spieler/innen in einen Hinterhalt zu locken. Beide Spieler/innen können sich dann gegenseitig segnen und verlassen die *Roda* an der gleichen Stelle, an der sie sie betreten haben.

Wer mitspielen will, muss seine Absichten kundtun und den Gegner auswählen, bevor er die *Roda* betritt. Jeder hat die Möglichkeit, am Hodder teilzunehmen, der höchsten Stufe des Capoeira. Allerdings besteht der Hodder oft aus vielen Profis, was es den Spielern aus dem unteren Feld schwermacht, teilzunehmen.

Symbolik

Die alten Capoeiristas glaubten, dass es eine perfekte Analogie zwischen der *Roda* und der Welt gibt. Das Gute an Capoeira ist, dass es die Teamarbeit betont. Die *Roda* zu betreten ist, als würde man die ganze Welt umrunden. Der Boden in der Capoeira ist das Äquivalent zum Himmel in westlichen Kulturen, und niemand darf ihn ohne Erlaubnis betreten. Auch das Verlassen der *Roda* erfordert eine Erlaubnis.

Um ein effektiver Capoeirista zu werden, solltest du sowohl singen als auch Instrumente spielen können. Das macht dich zu einem kompletten Spieler. Auch wenn du in der Schule verschiedene Techniken lernen kannst, solltest du dich immer weiterbilden. Alle Instrumente spielen eine entscheidende Rolle bei der Erfüllung der religiösen Überzeugungen des Spiels.

Kurzübersicht über Jogo

Jogo ist ein Spiel, das in einem Kreis namens *Roda* gespielt wird. Die Spieler stehen in der Mitte dieses Kreises und das Publikum um sie herum. Die Musik spielt bei der Ausübung von Capoeira eine zentrale Rolle. Sie setzt sich aus einer *Bateria* (Orchester) zusammen, die aus dreisaitigen Instrumenten besteht, die einem Bogen (Berimbau), *Pandeiros* (Tamburin) und einer *Agogo* (Glocke) ähneln. Zu Beginn singen die Spieler/innen ein rituelles Lied namens *Ladainha*. Als Nächstes wird ein *Corrido* gesungen, der für den Rest des Spiels zu hören ist. Die Musik hilft, die Handlung zu steuern, inspiriert die Spieler und bestimmt ihren Rhythmus. Die wahre Essenz von Capoeira ist zu spüren, wenn die Musik und die Bewegungen der Spieler/innen in perfekter Harmonie zusammenfließen.

Das Capoeira Graduierungssystem

Vor der Einführung des Gürtelsystems gab es beim Capoeira nur zwei Ränge: den Schüler und den Meister/Mestre. Früher wurden farbige Tücher für die Graduierung verwendet, aber diese wurden inzwischen zugunsten des Kordelsystems aufgegeben. Dieses System stellt das Graduierungssystem im Capoeira dar, das eine klare lineare Steigerung zeigt: Schüler, Lehrer und Mestre. Für jeden einzelnen Titel gibt es dabei unterschiedliche Steigerungen. Im Folgenden findest du die modernen Steigerungen der Stufen.

Aluno oder Schüler (6-12 Monate)

Aluno bedeutet auf Portugiesisch Schüler, und es gibt mehrere Schülergürtel in verschiedenen Gruppen. Von den Schülern wird erwartet, dass sie mit jeder Stufe, die sie erreichen, mehr Dinge lernen. Die Gürtel symbolisieren die harte Arbeit, die man geleistet hat, und werden einem während einer Zeremonie, der *Troca de Cordeõs*, überreicht, die normalerweise einmal im Jahr stattfindet. Die Feier wird von der Schule oder dem Zentrum in der Region ausgerichtet. Den ersten Gürtel bekommt man nach 6 bis 12 Monaten. Dieses Ereignis wird als *Batizado* bezeichnet und stellt den Einstieg in die Welt des Capoeira dar. Es ist der Beginn der Reise zum Mestre-Level.

Als *Aluno* ist es nun die Aufgabe des Schülers, das, was er vom Lehrer lernt, in die Praxis umzusetzen. Die Schüler/innen sollten ihre Lehrer/innen immer fragen, was die verschiedenen Dinge im Capoeira bedeuten und wie man bestimmte Bewegungen ausführt. Ausdauer und Geduld sind die Schlüsselkomponenten, die helfen können, Capoeira zu meistern. Ständiges Training ist wichtig, denn es hilft dabei, seine Fähigkeiten zu verbessern.

Graduado/Monitor

Dies ist der Grad des fortgeschrittenen Schülers, den man nach 5-7 Jahren Erfahrung erreicht. Es gibt verschiedene Bezeichnungen für fortgeschrittene Schüler. Die Verantwortung, die man als fortgeschrittener Schüler hat, hängt von der Beziehung zum Lehrer ab. Ein/e Monitor/in oder fortgeschrittene/r Schüler/in kann aufgefordert werden, Aufwärmübungen zu zeigen, oder sie/er kann auch aufgefordert werden, andere Schüler/innen zu unterrichten. Zu diesem Zeitpunkt beginnt man, ein gewisses Maß an Unabhängigkeit und Selbstvertrauen zu entwickeln, um andere zu unterrichten. Lehrerinnen und Lehrer haben viele Aufgaben, und sie können alle Instrumente gut spielen. Sie müssen auch gut darin sein, andere zu unterrichten. Neue Schüler/innen werden zu Ihnen aufschauen, wenn Sie das Stadium des Monitors erreichen. Es ist wichtig, dass man sich voll und ganz seiner Verantwortung stellt, damit die Schüler von einem und seiner Arbeitsmoral lernen können.

Instrutor/Professor

Um Instrutor/in oder Professor/in zu werden, muss man mindestens 8-12 Jahre Erfahrung vorweisen können. Instrutor ist der gebräuchlichste Titel, und das Erreichen dieses Titels bedeutet, dass man bereit ist, anderen Capoeira beizubringen. Es ist jedoch wichtig zu wissen, dass Instrutoren und Professoren ihre Fähigkeiten auch nach der Erlangung dieses Grades noch weiter entwickeln müssen. Deshalb ist es wichtig, in der Nähe seines Mestre zu bleiben, damit man weiterhin von ihm lernen kann. Bei dieser Gelegenheit kann man auch Dinge auffrischen, die man vielleicht aus der Studienzeit vergessen hat. Viele Leute werden einen auf die eine oder andere Weise auf die Probe stellen, wenn man diese Stufe erreicht hat, also muss man auf alles gefasst sein. Wenn man Capoeira auf einem höheren Niveau spielt, gewinnt man mehr Autorität und wird mit weniger Herausforderungen konfrontiert. Auf dieser Stufe darf man andere Spielerinnen und Spieler unterrichten, oder man kann auch gebeten werden, mit einem anderen Lehrer oder Mestre zu spielen.

Conta Mestre

Nach 15 Jahren in der unteren Position wird man zur rechten Hand des Mestre. Dies ist die Stufe direkt vor dem Mestre. Wenn man zum Contra Mestre wird, gehört man zu den fortgeschrittensten Schülern und ist einen Schritt näher dran, ein Meister zu werden. Als rechte Hand des Mestre wird erwartet, dass du in seine Fußstapfen trittst, wenn er dich braucht. Es wird erwartet, dass man Unterricht erteilt und den Schülern hilft, sich zu verbessern. Bevor man diesen Rang erlangt, muss man eine Menge lernen. Viele Menschen trainieren oft 20 oder mehr Jahre, um den Rang eines Contra Mestre zu erreichen.

Mestre/ Meister

Der Mestre ist der höchste Rang im Capoeira und wird nach 25 Jahren Erfahrung oder mehr erreicht. Das Erreichen dieses Ranges bedeutet jedoch nicht, dass man am Ende angelangt ist. In der Welt des Capoeira wird es immer mehr zu lernen geben. Es ist unmöglich, alles zu lernen, was es im Capoeira gibt, und das ist der Hauptgrund, warum die Menschen immer nach neuen Dingen streben.

Grao Mestre/ Großmeister

Dieser Titel ist kein offizieller Titel. Man bekommt ihn von der Capoeira-Gemeinschaft. Er ist eine Anerkennung für all die harte Arbeit, die man geleistet hat, und für alles, was man zum Capoeira beigetragen hat. Diese Ehre ist normalerweise Menschen vorbehalten, die 30 bis 50 Jahre Erfahrung im Unterrichten und Trainieren von Capoeira haben. Dieser Titel wird nicht einfach so vergeben. Er symbolisiert eine Person, die die Welt des Capoeira in vielerlei Hinsicht maßgeblich beeinflusst hat. Obwohl es für diesen Titel keinen Gürtel gibt, wird er von den Mitgliedern der Gemeinschaft mit großem Respekt und Bewunderung getragen.

Das Graduierungssystem im Capoeira unterscheidet sich deutlich von dem anderer Kampfsportarten, die ein Gürtelsystem verwenden, da Kordeln vergeben werden. Beim Capoeira werden für jede Stufe verschiedenfarbige Kordeln verwendet, um die Spieler/innen zu unterscheiden. Die höchste Stufe, die du in dieser Kampfsportart erreichen kannst, ist Mestre oder Meister. Im nächsten Kapitel geht es um die defensiven Capoeira-Bewegungen.

Kapitel 3: Warum wird Capoeira als Kampfsportart praktiziert?

Capoeira ist für seinen akrobatischen, athletischen Stil bekannt. Diese 500 Jahre alte Kampfkunst, die mit einer Form von Tanz verbunden ist, hat ihren Ursprung im Nordosten Brasiliens. Diese energiegeladene brasilianische Kunstform verbindet auf einzigartige Weise Musik, Kunst, Tanz und Akrobatik miteinander und verwendet hochbewegliche Techniken, die Kraft und Flexibilität erfordern. Mit Capoeira bleibst du nicht nur fit und gesund, sondern es hat auch viele andere Vorteile. Wenn du denkst, dass du niemals Capoeira machen kannst, dann irrst du dich. Du musst kein Akrobat sein, um Capoeira zu machen. Mit genügend Übung, Entschlossenheit und Ausdauer kann das jeder. Egal, wie alt du bist, du kannst mit nur ein paar Monaten Training fitter und gesünder werden. Beim Capoeira gibt es keine Grenzen. Je nach Alter, Größe oder Gewicht kannst du die Form von Capoeira finden, die für dich geeignet ist.

Es ist wichtig, dass du keine unmöglichen Erwartungen an dich stellst. Es gibt keinen Grund zur Eile. Genieße diese Kampfsportart so lange du kannst. Du musst mit dem *Ginga* beginnen, aus dem sich alle anderen Bewegungen entwickeln. *Ginga* bedeutet schwingen. Du wirst lernen, dass alle Capoeiristas ihren eigenen individuellen Stil haben, der ihre Persönlichkeit unterstreicht. Du musst versuchen, deine eigenen Bewegungen zu entwickeln, anstatt zu versuchen, jemand anderen nachzuahmen, der vielleicht mehr beherrscht. Das Beste an Capoeira ist, dass dir jeder hilft, dein höchstes Potenzial auszuschöpfen. Das ist eine große Chance für dich, deine Fähigkeiten zu entwickeln.

Außerdem kannst du lernen, indem du deinen Partner spiegelst. Auf diese Weise kannst du dich schnell weiterbilden und schließlich deinen eigenen Stil entwickeln. Die Ausübung von Capoeira hat viele Vorteile. Werfen wir einen Blick auf einige davon:

Hilft beim Stressabbau

Bewegung ist eine großartige Möglichkeit, Stress abzubauen und deinen Körper und Geist zu entspannen. Wenn du in diese Kunstform eintauchst, wirst du herausfinden, was für dich gut ist. Capoeira ist eine Möglichkeit, der Arbeit, persönlichen Problemen und allem, was dir Stress bereitet, zu entkommen. Außerdem steigert das Training den Endorphinspiegel in deinem Gehirn, was deine Stimmung sofort verbessert und dich glücklich macht.

Es macht dich stärker

Die Ausübung von Capoeira steigert die Kraft und macht dich extrem stark. Es erfordert komplexe Hand- und Armbewegungen, Tritte, Handstände und viele Posen, die es dir ermöglichen, deine Kraft im ganzen Körper zu trainieren. Diese Bewegungen stärken deinen Oberkörper, indem sie deine Körpermitte ansprechen und deine Bauchmuskeln trainieren. Capoeira-Bewegungen machen dich flexibler, verbessern die Atmung, fördern die Durchblutung, verbessern die Hand- und Augenkoordination und bauen langsame und schnell einsetzbare Muskelfasern auf.

Verbesserung deiner Koordinationsfähigkeit

Das Üben von Capoeira verbessert deine eigene Koordination und die Koordination mit anderen. Die Art der Bewegungen hängt von der Art der Ausübung von Capoeira ab. Die flüssigen Bewegungen sind jedoch für alle Formen charakteristisch. Wenn du deine Bewegungen mit Live-Musik koordinierst, entspannt das deinen Geist, deinen Körper und deine Seele und verbessert dein Rhythmusgefühl.

Es macht dich beweglicher

Capoeiristas sind dank der verschiedenen Bewegungen, die sie ausführen müssen, äußerst bewegliche Menschen. Durch ihre Flexibilität und Kraft können sie das Verletzungsrisiko drastisch reduzieren und ihre Beweglichkeit verbessern. Wenn du also Yoga machen willst, um deine Flexibilität zu erhöhen, gib Capoeira eine Chance, denn es wird dich stärker und widerstandsfähiger machen.

Steigert deine Ausdauer

Ein Capoeira-Workout wird dich schon nach wenigen Minuten außer Atem bringen. Selbst wenn du athletisch, oder es gewohnt bist, mit hoher Intensität zu trainieren, musst du dich nicht wundern, wenn du am Ende einer Capoeira- Trainingseinheit nach Luft schnappst. Es trainiert die meisten deiner Muskelgruppen und ist ein gutes Ausdauertraining. Capoeira erhöht deine Ausdauer und hilft dir, längere und harte Trainingseinheiten durchzustehen.

Gewinne mehr Selbstvertrauen

Capoeira ist eine schwierige Kunstform, die sowohl Spaß macht als auch eine Herausforderung darstellt. Wenn du endlich anfängst, dich zurechtzufinden, fühlst du dich selbstbewusster, lebendiger und glücklicher. Außerdem ist das Gefühl unvergleichlich, wenn du weißt, dass deine Freunde die Bewegungen, die du kannst, nie hinbekommen würden. Diese wunderbare Kampfsportart gibt dir die Möglichkeit, dich durch deinen Körper auszudrücken. Sie ermöglicht es dir, dich endlich von den Fesseln deiner eigenen Grenzen zu befreien und dein wahres, authentisches Selbst zum Vorschein zu bringen.

Mehr soziale Kontakte

Capoeira wird in Teams praktiziert, und alles wird in Gruppen ausgeführt. Das gibt dir die Chance, wunderbare neue Leute kennenzulernen, die die gleichen Interessen haben wie du. Diese Kampfkunstform gibt dir die Chance, aus deinem Schneckenhaus herauszukommen und weniger schüchtern zu sein. Es bietet dir unvergessliche individuelle und gemeinschaftliche Erfahrungen. Eine Capoeira-Gruppe ist eher wie eine Familie, die dich ermutigt, dein wahres Ich zu leben. Wenn du Capoeira in einer Gruppe übst, wirst du mehr Selbstvertrauen und ein großes Gefühl des Stolzes gewinnen. Neue Leute kennenzulernen und sich mit Gleichgesinnten auszutauschen, ist nur einer der Vorteile von Capoeira.

Mehr als ein Sport

Capoeira umfasst verschiedene Kunstformen, darunter Tanz, Musik und Selbstverteidigung. Du kannst nicht nur mitmachen und in der *Roda* sein, sondern auch Komponist oder Choreograf werden.

Inklusion

Capoeira mit verschiedenen Gruppen von Menschen mit unterschiedlichem Hintergrund zu praktizieren, hilft dir, andere Kulturen zu verstehen und ihre Traditionen kennenzulernen. Dadurch wirst du integrativer und toleranter gegenüber anderen. Außerdem ist der Respekt vor anderen ein zentraler Wert beim Capoeira. Denn diese Kampfkunst verlangt von dir, dass du dein authentisches Selbst zum Ausdruck bringst, um die Kunst vollständig zu erleben. Auch der Respekt vor deinem Lehrer ist ein wichtiger Grundsatz des Capoeira, denn er lehrt dich nicht nur Dinge aus seiner eigenen Erfahrung, sondern er vermittelt dir auch viele Werte, die für dein Leben wichtig sind.

Erlerne eine neue Sprache

Wenn du Capoeira in einer Gruppe lernst oder übst, wirst du mit vielen Menschen zu tun haben, die brasilianisches Portugiesisch sprechen. Das wird dir helfen, die Sprache zu verstehen und vielleicht sogar ohne große Schwierigkeiten selbst zu sprechen.

Erfahre eine neue Kultur

Im Gegensatz zu anderen Kampfsportarten hat Capoeira seine Wurzeln bewahrt und pflegt seine traditionellen und kulturellen Werte. Auf diese Weise lernst du nicht nur eine neue Kultur kennen, sondern kannst auch deinen Horizont erweitern und mehr Verständnis und Akzeptanz für andere Menschen entwickeln.

Es macht Spaß!

Ist ein Ort mit guter Musik, Tanz und fröhlichen Menschen nicht auch eine Party? Capoeira hat all das. Es ist ein großartiges Erlebnis, den Capoeiristas beim Üben zuzusehen, wenn sie zu den Klängen von Live-Musik tanzen. Ihre hypnotisierenden Bewegungen geben dir ein Gefühl von Energie und Freude.

Techniken zur Selbstverteidigung

Capoeira ist eine tolle und unterhaltsame Art, Selbstverteidigung zu lernen. Beim Capoeira lernst du, die Bewegungen deines Gegenübers zu erkennen und schnell zu reagieren. Wenn du in der Lage bist, die Absichten deines Gegenübers schnell zu erkennen, kannst du dich schützen und sogar einen Gegenangriff starten. Es ist wichtig zu wissen, dass Capoeira nicht dazu auffordert, den Gegner zu schlagen. Trotzdem ist es eine gute Möglichkeit, jungen Kindern Selbstverteidigungstechniken beizubringen und ihnen gleichzeitig zu vermitteln, dass es nie klug ist, Gewalt anzuwenden.

Beziehe deine Familie mit ein

Diese Kampfsportart bietet dir die Möglichkeit, mit deiner Familie zu üben. So lernst du nicht nur eine wertvolle Fähigkeit, sondern kannst auch viel Zeit mit deiner Familie verbringen, um die Bindung zu ihr zu stärken. Jeder kann diese Kunstform ausüben. Wenn du mit deinen Kindern spielst und lernst, eröffnen sich mehr Kommunikationskanäle zwischen euch. Außerdem lernt ihr, euch gegenseitig zu akzeptieren und zu verstehen, wie ihr seid.

Verbesserung der allgemeinen Fitness

Capoeira ist eine hervorragende Kampfsportart, die sowohl deiner körperlichen als auch deiner geistigen Gesundheit guttut. Sie verbessert deine Beweglichkeit, Ausdauer und Kraft und macht dich gleichzeitig entspannter und stressfreier.

Herausforderungen beim Capoeira

Du denkst jetzt bestimmt, dass Capoeira so viele Vorteile hat, dass es unmöglich sein muss, es zu lernen und zu praktizieren. Das ist aber nicht der Fall. Wie alles im Leben bringt auch Capoeira eine Reihe von Herausforderungen mit sich, aber es ist machbar. Egal, für wie unflexibel oder schwach du dich hältst, du kannst es trotzdem schaffen. Als Anfänger musst du dir darüber im Klaren sein, dass du auf deinem Weg auf viele Hindernisse stoßen wirst. Deshalb musst du weiter lernen und danach streben, Perfektion zu erreichen.

Beweglichkeit

Beim Capoeira gibt es viele Übungen, bei denen du beweglich bleiben musst. Beweglichkeit ist eine Mischung aus Flexibilität und Kraft. Beispiele für Beweglichkeit sind hohe Tritte, niedrige Kniebeugen, Radstellungen oder Brücken. Für viele Menschen ist es eine Herausforderung, da sie anfangs nicht so flexibel sind, wie sie sein sollten, um einige der Bewegungen auszuführen. Den meisten Anfängern fallen niedrige Kniebeugen schwer, weil es ihnen an Flexibilität in den Knöcheln und Hüften mangelt.

Außerdem kann die fehlende Kraft in den Muskeln um Hüfte und Knöchel dazu führen, dass sie umfallen oder zusammenbrechen. Aus diesem Grund finden sie, dass die Beweglichkeit der schwierigste Teil von Capoeira ist. Wenn du jedoch hart genug daran arbeitest, diese Herausforderungen zu meistern, wirst du im Handumdrehen an Kraft und Beweglichkeit gewinnen.

Rhythmus

Capoeira ist zwar die einzige Kampfsportart mit Musik, aber die Eigenschaften von Rhythmus und Timing sind auch im Boxen, Kung Fu und MMA sehr verbreitet. Wenn du keine Erfahrung mit dem Spielen eines Musikinstruments hast oder Probleme damit hast, einem Takt zu folgen, könnten dir die musikalischen Aspekte von Capoeira schwerfallen. Das Gute daran ist, dass du es immer lernen kannst. Rhythmus, Timing und Tonhöhe kann man lernen, wenn man sich schrittweise an die Musik gewöhnt. Du musst geduldig und konsequent bleiben, um den musikalischen Aspekt von Capoeira zu lernen.

Propriozeption

Propriozeption bedeutet, dass du weißt, wo sich dein Körper im Raum befindet. Menschen mit schlechter Koordination haben wahrscheinlich auch eine schlechte Propriozeption. Um ein Rad zu schlagen, musst du eine gute Propriozeption haben. Wenn du eine schlechte Koordination hast, könnte es dir schwerfallen, ein Rad zu schlagen. Gerade bei Anfängern ist das ganz normal. Du wirst nach und nach lernen, damit umzugehen, denn Capoeira kann dir sehr dabei helfen, das nötige Bewusstsein zu entwickeln.

Improvisation

Flow und Improvisation sind beim Capoeira ziemlich anspruchsvoll, weil du deine Bewegungen mit einem anderen Mitglied der Gruppe koordinieren musst. Alleine Sequenzen zu improvisieren kann ziemlich beeindruckend sein, aber wenn du es synchron mit jemand anderem machst, fühlt es sich noch besser an. Es ist extrem schwierig, aber wenn du erst einmal den Dreh raus hast, wirst du merken, wie toll es sich anfühlt.

Der Einfluss von Capoeira auf die Gesellschaft

Es ist wichtig zu wissen, dass Capoeira einen großen Einfluss auf die Gesellschaft hat. Capoeira ist nicht nur eine Kampfsportart, bei der es um Angriff und Verteidigung geht, sondern sie betont auch Gemeinschaft, Positivität, Geist und Zusammenhalt. Capoeira spielt eine wichtige Rolle, wenn es darum geht, Menschen zusammenzubringen und das Bewusstsein für wichtige Anliegen zu schärfen. Sie hat ihre Wurzeln in der Sklaverei. Den versklavten Menschen war es nicht erlaubt, das Kämpfen zu trainieren, was sie dazu brachte, Capoeira zu entwickeln. Sie tarnten diese Kampfkunst als Tanz, damit sie trotzdem Selbstverteidigungstechniken lernen konnten. Da Capoeira in einer Gruppe praktiziert wird, hilft es der Gemeinschaft, sich auf einer spirituellen Ebene zu verbinden, und der Einzelne fühlt sich unterstützt und wertgeschätzt.

Wenn junge Menschen kein Ventil für ihre Wut und Frustration finden, wenden sie sich der Gewalt zu. Eine Capoeira-Gruppe bietet jungen Menschen einen sicheren Raum, in dem sie ihr wahres, authentisches Selbst ohne Zögern zum Ausdruck bringen können. Außerdem fördert sie die Gleichstellung. Das bedeutet, dass sich jeder in der Gruppe zugehörig fühlen kann. Unabhängig davon, wer du bist oder womit du dich identifizierst, wirst du in der Gruppe akzeptiert. Deine Größe, dein Alter und deine Fähigkeiten haben keinen Einfluss auf deine Chancen, aufgenommen zu werden. Du musst nur bereit sein, es zu versuchen, dann wirst du willkommen geheißen, ohne dass du verurteilt oder vorverurteilt wirst. Beim Capoeira ist jeder anders und hat seinen eigenen Stil. Deshalb wirst du nicht gedrängt oder gar gezwungen, einen bestimmten Stil zu lernen. Einer der wichtigsten Gründe, einer Capoeira-Gruppe in deiner Nähe beizutreten, ist, dass du dich in einen akzeptierenden Raum begibst, in dem du dich sicher und verstanden fühlst. So kannst du als Person wachsen und lernen, wie du auf andere Menschen eingehen kannst. Bei Capoeira-Gruppen geht es vor allem darum, der Gemeinschaft etwas zurückzugeben. Warum also nicht heute damit anfangen?

Capoeira ist ein wunderbarer Sport, der sich aus verschiedenen Kunstformen zusammensetzt, darunter Tanz, Musik, Kampfsport und Selbstverteidigung. Die Ursprünge gehen auf die Zeit der Sklaverei zurück, die in Brasilien weit verbreitet war. Damals durften Sklaven keine Kämpfe austragen oder gar trainieren. Deshalb haben sie Capoeira erfunden. Es ist eine Kampfsportart, die als Tanz getarnt ist. Das Üben von Selbstverteidigungstechniken sah für die Ahnungslosen wie ein Tanz aus. Es ist jedoch wichtig zu wissen, dass der Zweck von Capoeira nicht darin besteht, den Gegner zu verletzen, sondern sich vor Risiken zu schützen und Angriffen auszuweichen. Einen Gegenangriff kannst du nur zur Selbstverteidigung ausführen. Ansonsten ist die Praxis an sich recht friedlich. Diese Kunstform hat verschiedene Vorteile und ist für ihre unglaubliche Wirkung auf Menschen und Gemeinschaften bekannt.

Capoeira als Kampfsportart macht dich stärker, flexibler und ausgeglichener, aber sie verhilft dir auch zu mehr Entspannung und Stressabbau. Dieser Sport hilft dir, verschiedene Kunstformen zu erlernen, einschließlich Musik und Tanz. Er wird dich dazu ermutigen, aus deinem Schneckenhaus herauszukommen und dein wahres Ich zu akzeptieren. Aber wie alles im Leben hat auch dieser Sport seine eigenen Herausforderungen. Einige Aspekte von Capoeira scheinen dir vielleicht zu komplex und herausfordernd zu sein, um sie zu erreichen. Es ist möglich, dass du nicht so beweglich oder flexibel bist, wie du es gerne wärst, oder dass du nicht musikalisch veranlagt bist. Es ist auch möglich, dass du unter Koordinationsproblemen oder der Unfähigkeit zu improvisieren leidest. All das ist nicht wirklich wichtig. Mit Übung und Beständigkeit wirst du deine Ziele in kürzester Zeit erreichen und mit jedem Tag besser werden. Ein weiterer toller Aspekt von Capoeira ist die Gemeinschaft. Du wirst dich wertgeschätzt und verstanden fühlen. Einer der Grundwerte von Capoeira ist es, jeden zu respektieren, vor allem die Lehrer/innen. Deshalb ist es ein sicherer Raum, in dem jeder sich selbst sein kann, ohne Angst vor Verurteilung. Da jeder, egal welcher Altersgruppe, an dieser Kampfkunst teilnehmen kann, kannst du mit deiner ganzen Familie üben, um stärkere Bindungen aufzubauen und den Zusammenhalt zwischen den einzelnen Familienmitgliedern zu verbessern. Capoeira ist wirklich ein inklusiver, respektvoller und spaßiger Sport, der allen die Chance gibt, ihr höchstes Potenzial zu erreichen.

Kapitel 4: Capoeira Angola vs. regionales Capoeira

Capoeira erlaubt es jedem Einzelnen, seinen eigenen Stil zu entwickeln. Es gibt drei verschiedene Stile: Angola, Regional und Contemporanea. Doch bevor wir uns mit den Unterschieden beschäftigen, wollen wir ein wenig über die Geschichte dieser Stile erfahren. Capoeira Regional und Capoeira Angola wurden von Mestre Bimba bzw. Mestre Pastinha eingeführt. Mestre Bimba führte einige Bewegungen aus dem Batuque und einige aus dem Jiu-Jitsu in die Capoeira ein, um sie effektiver und interessanter für die Jugend zu machen. Der Grund für diese Änderung war, das Interesse der Brasilianerinnen und Brasilianer an dieser Kampfsportart wieder zu wecken, da sie sich immer mehr für andere Kampfsportarten aus anderen Ländern interessierten. Als Mestre Bimba sah, dass Capoeira in seinem Volk immer mehr an Bedeutung verlor, veranlasste er ihn, die Kunstform zu verändern.

Diese Bemühungen von Mestre Bimba führten zur Schaffung eines neuen Stils und zur Legalisierung des Trainings in diesem Stil, der ursprünglich verboten war. Mestre Pastinha führte die Capoeira Angola ein, um die ursprüngliche Form der Capoeira zu erhalten. Das Wort Angola kommt von dem afrikanischen Land, aus dem Capoeira ursprünglich stammt. Die Bemühungen dieser Mestres bewahrten Capoeira vor dem Niedergang und brachten es zurück in die brasilianische Gesellschaft. Es ist wichtig zu wissen, dass sich die Ausübung von Capoeira zu Zeiten der Sklaverei von der heutigen Form des Sports unterscheidet. Damals wurden Sklaven aus verschiedenen Ländern und afrikanischen Stämmen an einem Ort zusammengeführt. Das führte dazu, dass Capoeira eher ein Tanz war, der von einer Gruppe verschiedener Menschen entwickelt wurde. Es ist möglich, dass die unterschiedlichen Stämme ihren eigenen Capoeira-Stil hatten.

Ein anderer Capoeira-Stil wird Capoeira Contemporanea genannt. Dieser Name wird sowohl für Capoeira Angola als auch für die Ausübung von Capoeira Regional verwendet. Einige Leute haben diese Bezeichnungen allerdings verworfen und einen Capoeira-Stil gewählt, bei dem Ästhetik und akrobatische Bewegungen im Vordergrund stehen. Da Capoeira jedem erlaubt, seinen eigenen Stil zu entwickeln und zu praktizieren, kann es schwierig sein, Capoeira nur in diese drei Kategorien zu unterteilen. Manche Leute bezeichnen ihre Gruppen nach dem Namen ihres Mestres, andere halten sich an die traditionellen Kategorien Capoeira Angola, Regional oder Contemporanea. Eine Sache, die jedoch allen Capoeira-Formen gemeinsam ist, ist der Gemeinschaftsgeist.

Nachdem du dich nun mit der Geschichte der verschiedenen Capoeira-Stile vertraut gemacht hast, kommen wir zum ursprünglichen Thema zurück: Was ist der Unterschied zwischen Capoeira Angola und Capoeira Regional?

Capoeira Angola

Capoeira Angola wird derzeit auf viele verschiedene Arten praktiziert, je nachdem, welche Mestres es unterrichten. Manche Mestres sind schneller und manche langsamer, manche sind ruhiger, andere heftiger.

Außerdem spielen manche Mestres gerne näher am Boden, während andere höhere Stellungen bevorzugen. Dennoch gibt es einige Elemente, die alle Mestres gemeinsam haben:

Capoeira Angola verwendet die *Bateria*, die aus drei Berimbaus, mindestens einem oder zwei *Pandeiro*, einem *Agogo*, einem *Reco-Reco* und einem *Atabaque* besteht. Dieses Ensemble kann variieren, aber größtenteils bleibt es gleich.

Sao Bento Grande de Angola ist der Hauptrhythmus, der von der Berimbau Gunga gespielt wird. Allerdings wird Sao Bento Grande de Angola nur selten verwendet, obwohl er in den Akademien, die Capoeira Angola unterrichten, gelehrt wird.

- Capoeira Angola verwendet *Chamadas* (bestimmte Routinen) während des Spiels.
- Es werden spezifische Lieder verwendet.
- Die Capoeiristas müssen im Kreis oder in der *Roda* sitzen bleiben, es sei denn, sie sind mit dem Spiel dran.
- Es ist Pflicht, Mestre Pastinha als Hauptdarsteller der Capoeira Angola zu erkennen.
- Akrobatische Bewegungen werden nur selten verwendet.
- Es gibt keinen Farbcode, der den Rang des Capoeirista kennzeichnet, und es gibt keine Graduierung, bei der ein Capoeirista von einer Stufe zur nächsten aufsteigt.
- Die Mestres halten sich streng an die Form der Capoeira Angola.
- Die Capoeiristas müssen in die Hose gesteckte, kurzärmelige T-Shirts tragen.
- Oft wird von ihnen verlangt, dass sie mit Schuhen spielen und trainieren.
- Normalerweise tragen sie ihre Hosen mit Gürteln.

Abgesehen von diesen Ähnlichkeiten sind die Unterschiede in der Farbe der Kleidung, in den Rhythmen, die von den verschiedenen Berimbaus - Medio und Viola - gespielt werden, und in den verschiedenen Bewegungen, die im Spiel verwendet werden, sichtbar. Auch die *Ginga* kann in verschiedenen Gruppen und sogar unter Schülern, die unter Mestre Pastinha ausgebildet wurden, variieren.

Capoeira Angola enthält viele Elemente, die in den anderen Stilen nicht vorkommen, da sie der ursprünglichen Form der Capoeira am ähnlichsten ist. Die meisten dieser Elemente drehen sich um Rituale und Religion. Deshalb zollen viele Mestres ihrer Religion mit einem Lied Tribut. Das soll die Kraft der Praktizierenden verstärken. Dies ist seit den Anfängen vor Jahrhunderten zu einem Ritual geworden.

Es ist wichtig zu wissen, dass Capoeira Angola vor allem durch die Energie, die dabei entsteht, definiert ist und nicht nur durch die einzelnen Elemente beschrieben werden kann. Es gibt nichts, was diese Energie beschreiben kann. Sie muss gefühlt und erlebt werden. Da Capoeira Angola normalerweise nahe am Boden gespielt wird, ist die Energie, die dabei entsteht, sehr intensiv, fließend, lebendig und konzentriert. Diese Energie kann auch als ursprünglich bezeichnet werden und entspringt direkt der Erde. Capoeira Angola hat kein Gürtelsystem. Sie hält sich lieber an die Tradition. Ein Capoeirista erhält den Titel eines Mestre nach einem Jahr Training, das auf vielen Faktoren basiert.

Capoeira Regional

Mestre Bimba baute strukturierte und methodische Trainingstechniken in Capoeira ein, weil er der Meinung war, dass Capoeira als eine Kampfkunst zur Selbstverteidigung angesehen werden sollte. Das Capoeira Regional unterscheidet sich vor allem dadurch von anderen Capoeira-Stilen, da es schneller ist, die beteiligte *Bateria* einfach, aber kompakt ist, die Schläge direkt sind und es einen klaren Spielverlauf vorgibt.

Eines der Elemente, die Capoeira Regional einzigartig machen, ist die Aufnahmeprüfung, eine körperliche Prüfung mit Capoeira-Bewegungen, um die Fähigkeiten des Schülers zu beurteilen. Dieser Capoeira-Stil besteht auch aus Sequenzen, die auf 17 zentralen Capoeira-Angriffsbewegungen basieren, denen entsprechende Verteidigungsbewegungen gegenüberstehen. Diese werden als *Sequências* bezeichnet. Außerdem ist es wichtig, die verschiedenen Rhythmen des Spiels und die spezifischen Trainingsbewegungen zu lernen: Angriffsbewegungen, Ausweichbewegungen, Verteidigungsbewegungen und miteinander verbundene Bewegungen. Im Capoeira Regional gibt es ein Diplom namens *Formatura* und spezielle Prüfungen für Fortgeschrittene namens *Especializacdo* und

Emboscada. Es ist jedoch wichtig zu wissen, dass einige der Gruppen, die heute Capoeira Regional praktizieren, einen ganz anderen Stil als der von Mestre Bimba haben. Es gibt einige Gebote, Prinzipien und Traditionen, die Bimba mit seiner Methode geprägt hat und die befolgt werden müssen. Diese Grundsätze werden auch heute noch von einigen Gruppen befolgt. Hier sind einige der Prinzipien von Mestres Bimba:

- Die Übenden dürfen nicht rauchen oder trinken, da dies ihre Leistung ernsthaft beeinträchtigen kann.
- Überraschung ist ein wichtiges Element beim Capoeira. Deshalb muss ein Capoeirista vermeiden, seine Fortschritte außerhalb der Akademie zu zeigen.
- Die Praktizierenden müssen jeden Tag bestimmte Bewegungen üben.
- Der Gegner darf nicht gefürchtet werden, denn das hilft bei der Verbesserung der Abwehr- und Angriffsbewegungen und hält den Körper entspannt.

Bestimmte Gebote waren spezifisch für Bimbas Methode. Hier sind ein paar von ihnen:

- *Gingar Sempre* bedeutet, dass du immer *Ginga* (die grundlegende Capoeira-Bewegung) machen musst, um während des Kampfes im ständigen Fluss zu sein.
- *Esquivar sempre* bedeutet, dass du immer ausweichen musst.
- Alle Bewegungen müssen ein Ziel haben und dürfen nicht nur der Ästhetik wegen eingesetzt werden. Sowohl die Angriffs- als auch die Verteidigungstechniken müssen koordiniert sein.
- Bleib nicht stehen. Ein fester Stand und das Vermeiden von Sprüngen oder akrobatischen Bewegungen machen dich verwundbar.
- Die Capoeiristas müssen sich an den Rhythmus des Berimbaus halten.
- Respekt ist eine wichtige Komponente im Capoeira. Du musst die Integrität des Spielers respektieren, wenn er sich nicht mehr gegen einen Angriff schützen kann.
- Der stärkste Spieler muss das schwächste Mitglied schützen. Die Praktizierenden müssen die moralische und körperliche

Integrität des Gegners schützen.

Es gibt einige Traditionen und Rituale, die Teil seines Trainings geworden sind:

- Anfänger müssen mit einem Stuhl trainiert werden.
- *Charanga* ist das Capoeira-Orchester, das aus einem Berimbau und zwei *Pandeiros* besteht.
- Die von Bimba komponierten Lieder zur Unterstützung des Spiels (*Quadras e corridos*)
- Das erste Mal, wenn ein Schüler zum Rhythmus der Berimbau spielt, wird als *Batizado* oder Taufe bezeichnet.

Capoeira Contemporanea

Das Capoeira Contemporanea wurde in den 60er Jahren von den Capoeiristas entwickelt, die das Bedürfnis hatten, Capoeira Angola und Capoeira Regional zu vermischen. Dieser Stil entstand durch die Nutzung der akrobatischen Bewegungen und anderer verlorengegangener Elemente des Capoeira aus der Vergangenheit. Dies begann nach dem Einfluss von Mestre Bimba. Dieser Stil wurde entwickelt, um Capoeira zu vereinheitlichen. Capoeira Contemporanea wird in der Regel zum Rhythmus von Sao Beno Grande de Angola in einer klareren Art und Weise und mit einem höheren Tempo gespielt. Dieser Stil hat eine andere Methode des Trainings, nutzt aber technische Grundlagen, die dem Training von Mestre Bimba ähnlich sind.

Capoeira Contemporanea ist der bekannteste aller Stile. Es ist der Capoeira-Stil, der normalerweise im Fernsehen, in Filmen, Shows usw. gezeigt wird. Die Spiele sind schneller, technischer und bestehen aus akrobatischen Bewegungen. Deshalb halten die Spielerinnen und Spieler aus Sicherheitsgründen einen gewissen Abstand zueinander. Die beiden Hauptgruppen, die zur Entwicklung dieses neuen Stils beigetragen haben, sind Abada Capoeira, gegründet von Mestre Peixinho, und Capoeira Senzala, entwickelt von Mestre Camisa Roxa und seinem Bruder Mestre Camisa. Alle Contemporanea-Gruppen haben unterschiedliche Arten, eine *Roda* zu organisieren und zu spielen. Hier sind ein paar Elemente, die alle Contemporanea-Gruppen praktizieren:

- Alle Capoeiristas müssen in der *Roda* stehen, genau wie in der Capoeira Regional, einigen Angola-Gruppen und in den älteren

Capoeira-Gruppen.
- Sao Bento Grande und Angola oder *Benguela* sind die beiden wichtigsten Rhythmen, die verwendet werden.
- Es gibt ein Graduierungssystem.
- Die meisten Gruppen spielen in weißen Anzügen (Abadas) und sind barfuß.
- Die Spiele beinhalten *Floreios* (blumige Bewegungen).
- Die Spiele sind schnell, lebhaft, kompakt, dynamisch und luftig.
- Die *Bateria* ist der Capoeira Angola sehr ähnlich, denn sie besteht aus 3 Berimbaus, 1 oder 2 *Pandeiros*, 1 *Agogo*, 1 *Reco-Reco* und 1 *Atabaque*.
- Es ist wichtig zu wissen, dass jede Gruppe einzigartig ist und dass es immer Unterschiede geben wird.

Graduierung

Bei der Graduierung haben alle Capoeira-Stile ein gemeinsames Ziel: den Titel des Mestre, der nach jahrelangem Training verliehen wird. Die Capoeira Angola Gruppe folgt keinem Kordelsystem und hält sich an die Tradition. In einer Contemporanea-Gruppe wird der Mestre-Titel durch eine rote Kordel verliehen. Bevor man jedoch den Titel eines Mestre erhält, werden den Capoeiristas verschiedene andere Titel verliehen. Der häufigste ist der Titel Contra-Mestre. Alle Gruppen und alle Stile erkennen diesen Titel an. Auch der Titel Professor ist weit verbreitet. Ein Professor ist jemand, der die Lizenz zum Unterrichten hat, während ein Mestre jemand ist, den seine Schüler und seine Kollegen als solchen anerkennen.

Das Graduierungssystem wurde von Mestre Bimba ins Leben gerufen und hat sich seither ständig weiterentwickelt. Ursprünglich gab es nur den Titel Mestre, der an einen Capoeirista vergeben wurde, der die Kunst der Capoeira beherrscht. Für Capoeira Regional sind die Regeln genau festgelegt. Es wird zu Rhythmen gespielt, die von Mestre Bimba kreiert wurden. Er hat den *Benguela*-Rhythmus entwickelt, um den Spielern des Capoeira Regional die Möglichkeit zu geben, mit den Spielern des Capoeira Angola zu interagieren. Dieser Rhythmus basiert auf dem Rhythmus von Angola. Allerdings würde der Spieler niemals die gleichen Bewegungen machen wie ein Spieler aus Angola. Zum

Beispiel gibt es keine *Chamada* oder eine Kopfbewegung. Sie würden auch nicht von der Berimbau für eine kurze Spielunterbrechung zurückgerufen werden, egal aus welchem Grund. Nichtsdestotrotz gibt es das so genannte *Madingua* immer noch, auch wenn es vielleicht in einem anderen Stil gespielt wird.

Quiz

Bist du immer noch unsicher, welcher Capoeira-Stil der beste für dich ist? Hier ist ein Quiz:

1) Willst du strenge Regeln befolgen, um eine Kampfkunst zu lernen?
   a) Ja
   b) Nein
   c) Vielleicht

2) Willst du akrobatische Bewegungen in deinem Capoeira-Stil üben?
   a) Nein
   b) Ja
   c) Vielleicht

3) Möchtest du eine Abschlussfeier haben, um in die nächste Stufe aufzusteigen?
   a) Nein, das ist unnötig.
   b) Ja, natürlich.
   c) Das ist mir egal.

4) Willst du bestimmte Lieder in deinem Training verwenden?
   a) Ja.
   b) Nein.
   c) Ich möchte mir meine Optionen offenhalten.

5) Beim Capoeira sollte es nur um Abwehr- und Angriffstechniken gehen.
   a) Ja
   b) Nicht wirklich.
   c) Es kann nicht schaden, einige akrobatische Techniken anzuwenden.

6) Ich will mich nicht durch Regeln einschränken lassen.
   a) Nein.
   b) Ja, Regeln sind das Schlimmste!
   c) Es sollte ein paar Regeln geben.
7) Der Schwerpunkt von Capoeira sollte auf der Technik liegen.
   a) Nein, Strategie und Täuschung sind auch wichtig.
   b) Ja.
   c) Auf jeden Fall.
8) Wie magst du deine Ginga?
   a) Improvisatorisch.
   b) Standard.
   c) Kadenziert.
9) Willst du, dass deine Angriffe schnell sind?
   a) Nein, sie sollten langsam und gleichmäßig sein.
   b) Ja, sie sollten schnell und kompakt sein.
   c) Auf jeden Fall!
10) Fühlst du dich von Titeln angezogen?
   a) Nein, ganz und gar nicht.
   b) Ja, sie sind toll!
   c) Ja, es kann nicht schaden, sie zu haben.

Antwort

Wenn du Option a am meisten gewählt hast, solltest du dich für Angola entscheiden.

Wenn du Option b am meisten gewählt hast, solltest du dich für Contemporanea entscheiden.

Wenn du die Option c am häufigsten gewählt hast, solltest du dich für Capoeira Regional entscheiden.

Capoeira hat eine reiche Geschichte und Traditionen, die den Ausübenden viele Vorteile bringen. Capoeira Angola und Capoeira Regional mögen einige Unterschiede aufweisen, aber die inhärenten Selbstverteidigungstechniken und die Elemente des Respekts und der Verwendung von Rhythmen beim Spielen sind allen Capoeira-Stilen gemeinsam. Capoeira Angola wurde von Mestre Pastinha eingeführt, der daran glaubte, an den traditionellen Prinzipien von Capoeira festzuhalten, die von den Capoeiristas der Vergangenheit verwendet wurden, während Mestre Bimba das Capoeira Regional einführte. Er vermischte Capoeira mit anderen Kampfsportarten, darunter Kung Fu und Jiu-Jitsu. Damit wollte er die Jugend zurück zur Capoeira-Kunst locken, da die Menschen das Interesse daran verloren hatten und sich von anderen Kampfsportarten ablenken ließen. Mestre Bimba wird für seinen Einsatz für den Capoeira-Sport und dafür, dass er ihn in die brasilianische Gemeinschaft zurückgebracht hat, geschätzt.

Eine weitere Form von Capoeira wird Contemporanea genannt. Es handelt sich um eine Mischung aus den beiden Stilen Capoeira Angola und Capoeira Regional. Es werden Praktiken aus beiden verwendet, um Capoeira interessanter zu machen, und es ist der bekannteste Stil von allen. Contemporanea ist fast immer der Stil, der in Fernsehsendungen, Filmen usw. gezeigt wird. Er wird aufgrund seiner akrobatischen Bewegungen und seines Fokus auf Ästhetik besonders geschätzt. Du musst entscheiden, welcher Capoeira-Stil am besten zu dir passt und mit der Art von Erfahrung übereinstimmt, die du suchst. Das Beste an Capoeira ist, dass jeder seinen eigenen Stil finden kann. Mach das Quiz, um eine klare Vorstellung davon zu bekommen, was du willst, und begib dich dann auf die Reise, ein Capoeirista zu werden.

Kapitel 5: Grundlegende Capoeira-Prinzipien und -Bewegungen

Da die Geschichte von Capoeira nicht so gut dokumentiert ist, wissen wir nicht, was der ursprüngliche Zweck dieser Kunstform war. Heute wird Capoeira als Kampfsportart eingestuft. In diesem Kapitel erfährst du mehr über die Bewegungen, die in dieser Kampfsportart verwendet werden, die Tanzbewegungen sehr ähneln.

Es ist wichtig zu wissen, dass Capoeira während des portugiesischen Kolonialismus in Brasilien entstand, als die Sklaverei weit verbreitet war und die Sklaven ihre eigenen Traditionen, Religionen und Kulturen nicht ausüben durften. Außerdem gab es in dieser Region Sklaven aus der ganzen Welt, so dass es schwer ist, eine einzige Kultur zu bestimmen, aus der Capoeira entstanden sein könnte.

Es ist schwer zu glauben, dass er nur als eine Form des Kampfes gedacht war. Er wurde geschickt hinter Musik und Rhythmus als Tanz getarnt. Die weiten, fließenden Bewegungen in Kombination mit den explosiven Angriffs- und den raffinierten Verteidigungsstrategien sind schwer zu entschlüsseln.

Man sollte bedenken, dass der Hauptzweck von Capoeira nicht das Kämpfen ist. Es wird als Spiel betrachtet, und beide Teilnehmer streben immer den Sieg an, anstatt den Gegner zu besiegen. Um zu gewinnen, muss man den Gegner zu Fall bringen, und dazu gehört viel mehr als nur rohe Kraft.

Schauen wir uns einige der Grundprinzipien von Capoeira an und wie sie sich in den wichtigsten Bewegungen widerspiegeln.

Grundprinzipien

1. Interaktion

Capoeira kann auf viele verschiedene Arten gespielt werden, von einer Interaktion, die einer lockeren Unterhaltung ähnelt, bis hin zu etwas, das wie die physische Darstellung eines hitzigen Streits aussieht. Diese Interaktion ist ein grundlegender Bestandteil dieser Kampfsportart. Du wirst feststellen, dass die Gegner während des Spiels intensiven Blickkontakt halten und vielleicht sogar miteinander reden. Ihre Bewegungen spiegeln wider, was sie sagen und was in diesem Moment passiert.

Capoeira ist ebenso ein mentales wie auch ein körperliches Spiel. Jeder Spieler versucht, den anderen zu studieren, um eine Antwort zu entwickeln, auf die der Gegner hoffentlich nicht reagieren kann, vor allem wenn er seine Verteidigung durchbricht oder einen Gegenangriff startet.

Beim Capoeira ist es auch üblich, dass die Spieler sich gegenseitig mit Ohrfeigen, Stößen, Rückstoßtritten und verschiedenen Handständen ablenken oder verspotten. Das sind alles Dinge, die man ganz beiläufig tun kann, um der anderen Person zu zeigen, dass sie besser aufpassen muss. Die Intensität, die hinter einigen dieser Bewegungen steckt, macht den Unterschied zwischen einem sanften Rückwärtskick und einem, der dich außer Atem versetzt.

Spieler können in die Defensive oder in die Offensive gehen. Wenn ein Spieler in der Lage ist zu verstehen, was der andere tut, und die Fähigkeit hat, den Angriff abzufangen, kann er unabhängig von seinem Capoeira-Stil gewinnen.

2. Bewegung

Bewegung und Dynamik sind die Grundpfeiler dieses Spiels. Selbst die Grundhaltung, die ein Spieler einnimmt, ist nicht unbeweglich. Vielmehr sind die Spieler/innen ständig in Bewegung, wechseln die Plätze und sind immer bereit, nahtlos in eine andere Bewegung überzugehen.

Diese Flüssigkeit bedeutet, dass kein Angriff eine harte Bewegung und keine Verteidigung ein harter Block ist. Stattdessen liegt der Schwerpunkt auf dem Ausweichen und der Nutzung des Schwungs aus der ständigen Bewegung, um einen starken Angriff zu entwickeln, den der andere Spieler nicht kommen sieht. Gleichzeitig muss ein Spieler aber auch flexibel genug sein, um jedem dieser Angriffe auszuweichen.

Aus diesem Grund kann Capoeira körperlich sehr anstrengend sein und man braucht viel Energie, um im Kampf zu bleiben, und eine Menge Ausdauer, um die brutalen Schläge zu verkraften. Mit dem ganzen Schwung, den sie durch die ständige Bewegung gewinnen, können Capoeira-Kämpfer/innen sehr kraftvolle Schläge, Tritte und sogar Kopfstöße ausführen.

3. Täuschung

Die ständige Bewegung führt zu einer Menge Täuschungen und Fehlschlägen. Selbst in der Grundstellung, in der ein Spieler oder eine Spielerin von einem Fuß auf den anderen schlurft, weiß man zum Beispiel nie, ob er oder sie gleich zum Angriff übergeht oder sich verteidigen will. Die verschiedenen Stellungen sind extrem offen, so dass der Spieler alles tun kann, was er will, und es für den Gegner sehr schwierig ist, sie zu analysieren und vorauszusehen.

Es gibt sogar eine ganze Reihe von Moves, die als *Floreios* bekannt sind und speziell darauf ausgelegt sind, den Gegner auszutricksen. Alles, was einem einfällt, um den Gegner abzulenken oder zu täuschen, gehört zu diesem Spiel. Egal, ob du auf etwas außerhalb der Arena zeigst oder vorgibst, verletzt zu sein - all das gehört zu dieser Kampfkunst.

4. Widerstand

Capoeira begann mit den Sklaven. Da sie unterdrückt wurden, wussten sie, dass sie mit Gewalt nichts erreichen konnten. Stattdessen verließen sie sich darauf, clevere Techniken anzuwenden und die Eigendynamik des Angreifers zu verändern, um gegen ihn zu arbeiten. Das hat sich in den verschiedenen indirekten Abwehrmaßnahmen niedergeschlagen, mit denen ein Angriff geschickt umgangen werden kann. In manchen Fällen weicht der Spieler oder die Spielerin einfach energiereichen Angriffen aus, bis der Gegner erschöpft ist, oder er oder sie schlängelt sich durch die Angriffe hindurch, um eine Schwachstelle zu finden, die er oder sie treffen kann.

Wenn du es vor deinen Augen siehst, denkst du vielleicht, dass es choreografiert ist, aber in Wirklichkeit steckt hinter jeder Bewegung eine Menge Überlegung und Strategie, und die perfekte Ausführung dieser Bewegungen hängt von einem starken Körper ab.

Die wichtigsten Bewegungen

Der gesamte Tanz des Capoeira besteht aus einigen verschiedenen, klar erkennbaren Bewegungen, die so zusammengesetzt sind, dass sie nahtlos ineinander übergehen. Manche Sequenzen sind so nahtlos, dass der Gegner nicht weiß, was als Nächstes kommt. Dazu trägt auch bei, dass jede Bewegung von jedem Punkt aus ausgeführt werden kann, wenn der Spieler geschickt genug ist. Im Folgenden findest du eine kurze Übersicht über die wichtigsten Bewegungskategorien und einige der häufigsten Manöver.

1. Grundlegende Bewegungen

Im Gegensatz zu anderen Kampfsportarten wird beim Capoeira sogar die anfängliche oder untätige Haltung eines Spielers als Bewegung gewertet. Es gibt zwar ein paar Grundstellungen, die alle Spieler/innen verwenden, aber mit zunehmender Erfahrung können sie diese individuell anpassen und ihnen ihre eigene Note geben.

Der Ginga - Schwungschritt von einer Seite zur anderen

Der Ginga

Der Spieler steht nahe am Boden, die Knie sind gebeugt, die Arme sind ausgestreckt und schwingen. Der Spieler wechselt die Position von einem Fuß auf den anderen und behält dabei immer ein solides Fundament bei. Dies ist eine fantastische Ausgangsposition, und der Spieler kann den Schwung nutzen, um in jede Art von Angriff oder Verteidigung zu gehen.

Die *Ginga* ist die häufigste Haltung, die in jeder Art von Capoeira verwendet wird. Es gibt ein paar Variationen, aber das Grundprinzip bleibt dasselbe. Wenn die Spieler/innen fortgeschrittener sind, können sie ihre *Ginga* je nach Spielplan und Gesamttechnik verändern.

Aú - Radschlagen

Aú

Im Grunde genommen ist das ein Rad, aber es gibt viele Variationen, die für unterschiedliche Zwecke genutzt werden können. In der einfachsten Form handelt es sich um eine langsame kreisförmige Bewegung, bei der die Spieler/innen tief und eng stehen, um einen niedrigen Schwerpunkt und ein kleineres Profil zu erhalten. In manchen Fällen hält der Spieler in einem Handstand an, um eine andere Bewegung zu machen, oder er durchläuft den ganzen Zyklus, um auf den Füßen zu landen.

Wie vieles im Capoeira kann das Au als Übergang zu einer Bewegung oder als Ausweichmanöver verwendet werden. Außerdem kann es mit verschiedenen anderen Bewegungen kombiniert werden, um ein komplizierteres Manöver zu schaffen.

Eine der fortgeschritteneren Bewegungen ist die *Bananeira*, ein Handstand, der einem Bananenbaum ähnelt. Bei dieser Bewegung hat der Gegner die Hände etwa schulterbreit auseinander und kann die Beine zusammen oder auseinander halten. Die Beine können seitlich oder vorne und hinten gespreizt sein, wodurch viele Bewegungen des Gegners effektiv geblockt werden können. Diese Bewegung unterscheidet sich von anderen Handständen, weil der Spieler während der Bananeria immer noch dem Gegner zugewandt ist und die Schrittbewegung je nach Erwartung des Gegners ändern kann.

2. Defensiv-Bewegungen

Das Wort *Esquivas* bedeutet wörtlich Angriffe abwehren.

Im Capoeira gibt es eine Menge defensiver Bewegungen, Strategien und Techniken, aus denen die Spieler/innen wählen können. Der Equivas ist eine der am häufigsten verwendeten Abwehrtechniken. Genauer gesagt handelt es sich um eine Technik, bei der ein Spieler versucht, einem Angriff auszuweichen oder ihn zu kontern, indem er den Schwung nutzt, den der Angriff selbst erzeugt.

In dieser Sportart wird jeder Angriff, vor allem wenn es sich um einen Tritt handelt, mit so viel Drehmoment und Schwung ausgeführt, dass der Versuch, ihn zu blocken, trotzdem viel Schaden anrichtet. Die effizienteste Strategie ist es, diesen Power Moves auszuweichen, eine Schwachstelle zu finden und einen Gegenangriff zu starten - und das alles in einer einzigen fließenden Bewegung.

3. Tritte

Das ist wahrscheinlich eines der Highlights von Capoeira: Tritte, die so kraftvoll sind, dass du dich ernsthaft verletzen kannst, wenn du versuchst, sie zu blocken. Sie können in diesem Spiel auf verschiedene Arten eingesetzt werden und können die Form eines Angriffs, einer Verteidigung oder eines Ausweichens annehmen.

Einer der stärksten Kicks in diesem Sport ist der *Armada*. Dabei handelt es sich um einen umgekehrten Roundhouse-Kick, auch bekannt als Spinning, also von innen nach außen gerichteter Sichelkick.

Dieser Tritt kann entweder mit den Armen auf dem Boden ausgeführt werden oder mit einem Sprung, bei dem der Oberkörper in der Luft aufrechtgehalten wird. In beiden Fällen wird die Kraft durch die Drehung der Hüfte und des Oberkörpers erzeugt, wodurch ein unglaublich kraftvoller Tritt entsteht. Es gibt viele Variationen der *Armada*, je nachdem, wie sie ausgeführt wird und ob sie den Oberkörper oder den Unterkörper des Gegners angreifen soll.

Armada

Ein weiterer häufig verwendeter und sehr effektiver Tritt ist der Bencao, was wörtlich übersetzt Segen bedeutet. Dabei handelt es sich um einen geraden, frontalen Tritt, der normalerweise aus dem Stand ausgeführt wird und den Gegner entweder mit der flachen Fußsohle oder der Ferse trifft. Dieser Tritt ist vielseitig einsetzbar und kann als defensiver Pushback oder als eigenständiger Angriff verwendet werden. Er zielt normalerweise auf die Brust oder den Rumpf, kann aber auch auf das Kinn, das Gesicht oder den Kopf gerichtet werden.

Bencao

Ein weiterer fataler Tritt ist der *Martelo*. Das ist ein Tritt, bei dem der Spieler einen Schritt nach vorne macht und dann mit dem unteren Teil seines Schienbeins auf den Körper des Gegners zielt. Dieser Tritt kann jeden Bereich des Gegners treffen, aber der effektivste Schlag zielt auf die Schläfe des Gegners. Das ist normalerweise ein K.O.-Schlag, wenn der Gegner nicht ausweicht oder ihn blockt. Der Schritt nach vorne erzeugt Schwung, und die Gesamtbewegung des Beins verleiht dem finalen Schlag noch mehr Drehmoment.

Martelo

4. Hand- und Armtechniken

Die Fußarbeit ist der wichtigste Teil des Capoeira, aber auch die Arme und Hände werden ausgiebig eingesetzt. Mit der richtigen Technik und Bewegungsauswahl können sie genauso effektiv sein wie ein guter Tritt.

Hände und Arme werden auch als Mittel zur Täuschung eingesetzt. Spielerinnen und Spieler fuchteln oft mit den Armen herum oder machen übertriebene Armbewegungen, um zu suggerieren, dass ein Handangriff bevorsteht, während sie in Wirklichkeit einen Tritt ausführen wollen.

Eine der effektivsten Armbewegungen ist die sogenannte *Cotovelada*. Dabei handelt es sich um einen Ellbogenschlag, der, wenn er richtig ausgeführt wird, schwere Schäden verursachen kann. Wenn er im Gesicht landet, sind Brüche des Schädels, des Kiefers oder Schäden an den Augenhöhlen unvermeidlich. Dies ist eine sehr kraftvolle Bewegung, die vor allem im Nahkampf eingesetzt wird.

Cotovelada

Eine weitere Bewegung ist der *Galopante*, der eigentlich ein Schlag ins Gesicht oder ans Ohr ist. Er dient eher zur Ablenkung und als Botschaft an den Gegner, ist aber auch ein sehr effektiver Schlag, wenn er richtig ausgeführt wird.

5. Takedowns

Capoeira ist ein Sport, in dem Nahkampf und Ringen keine große Rolle spielen, aber einige Arten von Takedowns werden in bestimmten Situationen eingesetzt. In den meisten Fällen handelt es sich um Takedowns in Form von Beintritten.

Einer der Gründe, warum Takedowns nicht so häufig eingesetzt werden, ist, dass Capoeira sich nicht wirklich auf das Bodenspiel konzentriert. Viele machen zwar einbeinige und beidbeinige Takedowns, aber danach gibt es am Boden nicht mehr viel zu tun.

In den meisten Fällen werden Takedowns mit den Beinen ausgeführt, um sich zu verteidigen und andere Trittangriffe zu kontern. Das Timing ist der Schlüssel zu einer solchen Bewegung, und das sieht man, wenn man fortgeschrittenen Spielern zuschaut.

6. Floreios

Traditionell sind diese Bewegungen visuell ansprechend und meist akrobatisch. Das heißt nicht, dass sie als Verteidigung oder Angriff nicht effektiv sind, aber das Hauptziel ist es, entweder eine Ablenkung zu schaffen oder einfach nur Können zu zeigen. Je nachdem, in welcher Situation sie eingesetzt werden, können sie beiden Zwecken dienen.

Eine der beliebtesten Bewegungen in dieser Kategorie ist der Helikopterkick, auch bekannt als *Helicoptero*. Bei diesem Manöver vollführt der Spieler ein Rad, landet aber mit dem Fuß, mit dem er als letztes den Boden verlassen hat. Auf diese Weise führt er mit einem Bein eineinhalb Drehungen und mit dem anderen eine große sichelförmige Bewegung aus. Dies kann als Angriff oder Verteidigung genutzt werden, oder aber als raffiniertes Ausweichen, um einem entgegenkommenden Angriff zu entgehen.

Capoeira heute

In den Hunderten von Jahren, in denen es diese Kampfkunst gibt, hat sich einiges verändert. In früheren Zeiten und auch heute noch kann Capoeira in manchen Situationen ein tödlicher Sport sein. Mit den unzähligen Techniken, die einem Spieler zur Verfügung stehen, kann er seinem Gegner Schaden zufügen, der sogar tödlich sein kann.

Modernes Capoeira ist jedoch eher eine Kunst und die Spieler/innen zielen eher darauf ab, einen herausfordernden strategischen Kampf zu führen, als den anderen Spieler/innen zu schaden.

In der Vergangenheit wurden einige Bewegungen verwendet, die heute im formellen Capoeira nicht mehr eingesetzt werden. Schläge gegen die Augen und Tritte gegen die Kehle können leicht tödlich enden oder eine Person für den Rest ihres Lebens beeinträchtigen.

Die raueren Formen des Straßen-Capoeira, bei denen es keine formalen Regeln gibt, schränken die Art der Bewegungen nicht ein, aus denen die Spieler wählen können. In den offiziellen Schulen werden diese Dinge nicht mehr gelehrt, und es wird mehr Wert auf strategisches Spiel gelegt.

Um in Capoeira weiterzukommen und die Technik deines Spiels wirklich zu verbessern, musst du nicht nur die Bewegungen kennen, sondern auch in fantastischer körperlicher Verfassung sein.

Viele der Bewegungen, die die Spielerinnen und Spieler anwenden, dienen gleichzeitig als Übungen zur Stärkung der Kraft und werden ausgiebig trainiert, bevor sie zu fortgeschritteneren Techniken übergehen können.

Kapitel 6: Angriffsbewegungen beim Capoeira

Zu den Angriffen beim Capoeira gehören Bewegungen, die auf den Gegner gerichtet sind, wie Handflächenschläge, Tritte und Kopfstöße. Die meisten Angriffe sind kreisförmige Tritte oder gerade Tritte, die aus dem <u>Ginga</u> kommen. Da Capoeira ein berührungsloser Sport ist, erreichen die meisten dieser Angriffe den Gegner nicht. In diesem Kapitel geht es speziell um die grundlegenden Capoeira-Angriffsbewegungen, die du kennen solltest.

Capoeira-Bewegungen

Capoeira-Bewegungen und -Techniken bestehen aus einzigartigen Bewegungen, die von intensiven Tritten bis hin zu Ausweichmanövern reichen. Diese Bewegungen sind wichtig für die flüssige Natur des Spiels, und du solltest sie lernen, dir merken und anwenden. Es gibt viele Arten von effektiven Bewegungen, aber sie können für Anfänger überwältigend sein. Im Folgenden findest du die grundlegenden Capoeira-Bewegungen, die du anwenden kannst.

Gängige Capoeira- Bewegungen

Die gängigen Capoeira-Bewegungen lassen sich je nach ihrer Hauptfunktion in fünf Gruppen einteilen. Im Folgenden sind die fünf Gruppen aufgeführt.

1. Verlagerungsbewegungen (Movimentos)
2. Angriffe (Attaka)
3. Verteidigungen (Defensa)
4. Verstärker/akrobatische Bewegungen (*Floreios*)
5. Verlagerungen/Stürze (Deslocamentos/Quedas)

Je nachdem, wie die Bewegungen eingesetzt werden, können einige von ihnen zu mehr als einer Kategorie gehören. Deine Erfahrung entscheidet darüber, ob du die verschiedenen Kategorien von Bewegungen miteinander verbinden kannst.

Verlagerungsbewegungen (Movimentos)

Verlagerungsbewegungen verwendest du, wenn du deine Position verändern oder dich im Capoeira ständig bewegen willst. Ein Capoeirista ist ständig in Bewegung und wechselt die Richtung. Du kannst dich auf und ab, vorwärts oder rückwärts bewegen. Die Grundbewegungen bieten dir die Grundlage, um Capoeira zu spielen, da du sie rund um die *Roda* anwenden kannst. Zu den grundlegenden Bewegungen für den Ortswechsel, die du kennen solltest, gehören *Rolé* und *Ginga*. Diese Bewegungen werden häufig zur Verteidigung, für akrobatische Einlagen und für Angriffe verwendet. Wenn du im Capoeira gut sein willst, ist es wichtig, die Bewegungen für die Verlagerung zu beherrschen.

Angriffsbewegungen

In diesem Kapitel geht es vor allem um die Angriffsbewegungen, die du als Anfänger/in anwendest. Capoeira beinhaltet keinen Körperkontakt, aber Angriffe sind Teil des Spiels. Angriffe können aus Tritten, Kopfstößen oder Handflächenschlägen bestehen. In den meisten Fällen werden jedoch Tritte eingesetzt. Die Angriffe können zirkulär, rund oder gerade sein, und sie alle gehen von *Ginga* aus. Wie du im folgenden Abschnitt sehen wirst, hilft die *Ginga*, Angriffe zu verbergen, weshalb Capoeira auch als Tanz bezeichnet wird. Er sorgt für Spaß und unterhält auch die Zuschauer.

Ginga

Dies ist eine grundlegende Bewegung im Capoeira, die jeder Spieler kennen sollte. Es handelt sich um eine konstante rhythmische Bewegung, die nur in wenigen anderen Kampfsportarten vorkommt. Die *Ginga* gibt es in verschiedenen Formen und ihr Hauptzweck ist es, deinen Körper auf verschiedene Bewegungsarten vorzubereiten, wie z.

B. Angriffe auszuführen, auszuweichen und Täuschungen anzubringen. Mit anderen Worten: Es ist die Grundlage für Verteidigungen, Angriffe und *Floreios*.

Wenn du diese Bewegung beginnst, sollten deine Füße parallel zueinander stehen und du solltest versuchen, die Breite deiner Schultern beizubehalten. Mache mit deinem rechten Bein einen Schritt nach hinten und vermeide es, zu weit zu gehen. Während sich das Bein rückwärts bewegt, bewegst du deinen rechten Arm vor dein Gesicht und achtest darauf, dass die Finger nach links zeigen. Diese Position wird *Ginga* genannt. Du kannst den Vorgang von vorne beginnen und das linke Bein und den linken Arm nach rechts zeigen lassen. Wenn du diese Bewegung fortsetzt, indem du zwischen rechts und links wechselst, machst du die *Ginga*. Um dich mit dem *Ginga* vertraut zu machen, fang an, ihn von einer Position aus zu üben, und versuche dann, ihn im Kreis zu machen.

Da der Capoeirista ständig in Bewegung ist, hilft das, den vorrückenden Gegner zu frustrieren. Die Bewegung bietet eine Synchronisation der Armbewegungen, um Angriffen auszuweichen; die Beine und der Oberkörper helfen, hohe Tritte zu verhindern und gleichzeitig das Gleichgewicht zu halten. Während des Ginga hältst du keine statische Position, und der Rhythmus, der von der *Bateria* kommt, bestimmt die Geschwindigkeit.

Cadeira

Der *Paralelo* oder die *Cadeira* ist eine Position, die im *Ginga* vorkommt und bei der beide Beine gekreuzt werden. Das macht die Bewegung zu einer geeigneten Basis für die *Ginga*. Die *Cadeira* ist normalerweise eine tiefe Position, die der eines Shortstops beim Baseball ähnelt. Außerdem hat sie viele Gemeinsamkeiten mit der Pferdestellung, die oft in östlichen Kampfkünsten vorkommt. Bei dieser Bewegung schützt man mit einem Arm das Gesicht, während der andere die andere Seite schützt. Dabei setzt du die meisten deiner Körpermuskeln ein, um dein Gleichgewicht zu halten.

Cadeira

Verschiedene Angriffe, Ausweichmanöver und Bewegungen können aus dieser Position heraus leicht ausgeführt werden. Dazu gehören *Balança, Queda de rins, Au, Resistência, Martelo, Cabeçada* und andere. Im folgenden Abschnitt wird erklärt, wie die grundlegenden Capoeira-Angriffe ausgeführt werden können.

Rolé

Diese Bewegung soll dir helfen, am Boden zu bleiben, während du dich verlagerst, um einen schnellen Weg zu finden, aufzustehen und zum *Ginga* zurückzukehren. Es gibt verschiedene Methoden, um ins *Rolé* zu kommen. Du kannst mit der *Queda de Quatro*-Position beginnen, in der du dann die Richtung bestimmst, in die du gehen willst. Wenn du nach rechts rollen willst, sollte dein rechter Fuß nach außen stehen und deine Zehen sollten nach rechts zeigen. Während du deine linke Hand anhebst, versuchst du, deinen Kopf zu erreichen und ihn auf den Boden zu legen. Versuche, das linke Bein gleichzeitig über das rechte Bein zu führen. Am Ende müssen beide Beine parallel zueinander auf dem Boden stehen und auch die Hände müssen flach sein. Mit der nächsten Bewegung kommst du wieder in den Quatro und machst in der gleichen Richtung weiter. Dein linkes Bein sollte unter dem rechten Bein sein und du solltest genau dort landen, wo du angefangen hast.

Rolé

Wenn du den *Rolé* zum Aufstehen nutzen willst, musst du die obigen Schritte etwas anpassen. Du musst dein *Rolé* nach rechts machen und deinen Fuß und deine Zehen nach rechts zeigen lassen. Versuche dann, deine angehobene Hand zu erreichen und sie auf den Boden zu legen. Gleichzeitig musst du dein linkes Bein über dein rechtes Bein legen. Für welche Bewegung du dich auch entscheidest, du landest in einer *Ginga*-Position.

Rolé wird vor allem dann eingesetzt, wenn du dich schnell in die *Roda* verlagern willst. Das hilft dir, schneller aufzustehen und etwas Angriffsdistanz zwischen dir und deinem Gegner zu schaffen. Die Richtung deiner Füße gibt vor, wohin du gehen wirst. Du kannst *Rolé* einsetzen, um einen Angriff abzuwehren oder um einen Angriff zu verschleiern. Du kannst ihn auch benutzen, um einen Angriff zu initiieren, wenn du willst. Diese Bewegung ist vielseitig und ein Muss, wenn du deine Capoeira-Fähigkeiten verbessern willst. Du kannst den Rolé auch mit *Aú* kombinieren, um *Aú Rolé* zu machen.

Benção

Benção bedeutet Segen und bezieht sich auf einen geraden Push Kick, der vom *Ginga* ausgeht. Diese Bewegung kannst du nutzen, um den Gegner anzugreifen, und sie ist einer der wichtigsten geraden Tritte, die du im Capoeira lernen kannst. Du benutzt das hintere Bein zum Treten. Hebe das hintere Bein an, führe das Knie zur Brust und lege dann die Hände vor dich, als ob du ein Brett halten würdest. Achte darauf, dass du das andere Bein benutzt, um dich im Gleichgewicht zu halten.

Tu so, als wolltest du das Brett mit den Fußsohlen brechen. Mit ihnen drückst du dich nach oben, während du deinen Arm nach hinten ziehst. Ziehe dein gestrecktes Bein zurück in die *Ginga*-Position, um den Kick zu beenden.

Benção ist ein Tritt, mit dem du vor allem den Rumpf oder eine Stelle zwischen Hüfte und Hals angreifst. Obwohl der Tritt einfach auszuführen ist, kann es wegen der Distanz und des Gleichgewichts eine große Herausforderung sein, ihn effektiv einzusetzen. Du musst die folgenden Dinge beachten, wenn du den *Benção* anwendest:

- Du solltest nicht zu nah dran sein, damit du nicht verwundbar bist. Sonst hat der Tritt wenig Wirkung.
- Wenn du zu weit weg stehst, wird dein Tritt unwirksam sein. Du trittst nur in die Luft, und die Gegner haben keinen Grund zu reagieren.

Deshalb ist es wichtig, den idealen Abstand zu finden, um diese Bewegung effektiv auszuführen. Du musst üben, indem du den Tritt langsam ausführst und dabei auf eine markierte Stelle an der Wand oder ein anderes Ziel zielst, das du gut kennst. Du solltest darauf achten, dass du beim Kontakt mit der Wand einen guten Abstand einhältst und deine Knie nicht zu weit nach oben beugst. Du solltest einen guten Abstand anstreben, bevor du die Wand berührst, und darauf achten, dass du die Knie nicht zu weit durchbeugst.

MeiaLua de Frente

Dieser Halbmondkick ist einer der Grundkicks, die du beherrschen solltest, wenn du mit dem Üben beginnst. Da dieser Tritt die Form eines Halbkreises hat, gehört er zu der Kategorie rund/kreisförmig. Wenn du diesen Tritt ausführst, schwingt dein rechtes Bein von hinten und bewegt sich quer über den Körper. Dein rechtes Bein ist hinten, wenn du aus der *Ginga*-Position startest.

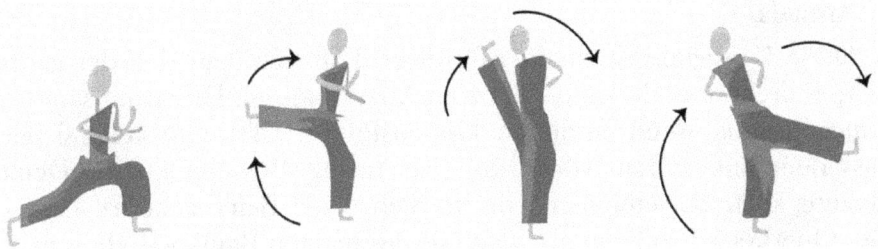

MeiaLua de Frente

Diese Art von Tritt gilt als eine der ersten, die jeder lernen sollte, denn es ist eine perfekte Bewegung, wenn sie mit Kontrolle und Kraft ausgeführt wird. Da dieser Tritt die Form eines Halbkreises hat, gehört er zur Kategorie rund/kreisförmig. Bei der Ausführung dieses Kicks schwingt das Bein von hinten, macht einen Halbkreis von außen und bewegt sich quer über den Körper. Du beginnst in der *Ginga*-Position, und dein rechtes Bein ist hinten.

Martello

Dieser gerade Tritt bedeutet übersetzt Hammer und wird zum Angriff verwendet. Er ähnelt einem Roundhouse Kick, mit dem du die Seite des Körpers oder den Kopf angreifst.

Martello

Dieser gerade Tritt ist auch als Hammer bekannt. Er wird verwendet, wenn du deinen Gegner angreifst. Der Roundhouse-Kick wird speziell bei Angriffen auf die Seite des Körpers oder den Kopf im Capoeira verwendet. Wenn du Capoeira spielst, solltest du nicht gegen die Beine oder Knie deines Partners treten, da dies zu schweren Verletzungen führen kann. Als Anfänger/in solltest du immer versuchen, deine Tritte auf die Bereiche oberhalb des Rumpfes zu richten.

Armada

Diese Bewegung ist ein kreisförmiger Tritt, bei dem sich der ganze Körper dreht, und du kannst ihn zum Angriff nutzen. Du beginnst in der *Ginga*-Position, wenn du diesen Tritt ausführen willst, und stellst sicher, dass dein linkes Bein vorne und das rechte Bein hinten ist. Deine Haltung sollte so sein, als ob du im Stehen die Beine gekreuzt hättest. Der Oberkörper sollte in die Richtung des rechten Beins gedreht sein.

Aú

Aú heißt auf Deutsch so viel wie Wagenrad. Es wird anders ausgeführt als das bekannte Rad. Bei dieser Bewegung gehst du mit den Händen, aber du schaust nach vorne, nicht zum Boden. Dazu musst du dein Kinn auf deine Brust legen. Die *Aú*-Bewegung ist speziell dafür gedacht, das visuelle Element des Capoeira zu verbessern, und du kannst sie für einen Angriff oder eine Verteidigung einsetzen. Deine Absicht bestimmt, wie du die *Aú*-Bewegung einsetzt.

Bananeira

Bananeira

Bananeira kommt vom Bananenbaum - und ist ein Handstand. Wenn du Capoeira machst, musst du in der Lage sein, im Handstand zu gehen. Du musst geradeaus schauen, nicht auf den Boden, wenn du auf den Händen gehst. Das hilft dir dabei, dich deinem Gegner zuzuwenden und die visuellen Elemente des Spiels zu verbessern. Du kannst deine Beine zum Angreifen und Verteidigen benutzen. Du kannst diese

Bewegung auch nutzen, um eine kurze Pause einzulegen oder den Gegner in eine Falle zu locken, während er dich bei deinen Possen beobachtet. Das ist eine weitere Möglichkeit, dein Gleichgewicht unter Beweis zu stellen, denn der andere Zweck von Capoeira ist es, für Unterhaltung zu sorgen.

Tipps zum Erlernen der Bewegungen

Es ist nicht ganz einfach, einige der Angriffsbewegungen im Capoeira zu lernen. Die folgenden Tipps können dir helfen, konzentriert zu bleiben und schnell zu lernen.

- Trainiere mit einem erfahrenen Lehrer. Auch wenn es einfach erscheinen mag, verschiedene Bewegungen ohne Lehrer nachzuahmen, ist es wichtig, mit einem erfahrenen Profi zu arbeiten. Ein guter Lehrer hat viel Erfahrung, von der du profitieren kannst, und er weiß auch, was du brauchst, um verschiedene Techniken zu beherrschen.

- Aufwärmen. Du musst dich aufwärmen, bevor du eine Capoeira-Bewegung versuchst. Das Dehnen bereitet deine Muskeln auf die für dich noch neuen Bewegungen vor, damit du dich nicht verletzt.

- Üben. Etwas zu wissen ist etwas anderes als es zu tun. Viele Menschen denken, dass sie verschiedene Dinge ausführen können, weil sie über theoretisches Wissen verfügen, aber das ist nicht immer der Fall. Übung hilft dir, verschiedene Bewegungen zu lernen, und erst nach mehreren Versuchen kannst du Vertrauen gewinnen. Du solltest niemals aufgeben, wenn dein erster Versuch nicht den gewünschten Erfolg bringt. Durch ständiges Üben wirst du die dringend benötigte Erfahrung sammeln.

- Sei achtsam. Du solltest immer auf jede Bewegung achten, um zu verstehen, wie du dein Gewicht verlagern oder welche Position du einnehmen solltest. Du kannst dich verletzen, wenn du die grundlegende Abfolge der einzelnen Bewegungen nicht verstehst.

- Sei selbstbewusst. Du musst dir sicher sein, dass du die Bewegung, die du übst, auch ausführen kannst. Habe Vertrauen in deine Fähigkeiten.

Zusätzlich zu diesen Tipps musst du eng mit deinem Ausbilder zusammenarbeiten, um verschiedene Elemente zu trainieren. Du musst jede Gelegenheit nutzen, um nachzufragen, wenn du etwas nicht verstehst. Außerdem musst du bestimmte Bewegungen wiederholen, die Anfängern nur schwer gelingen. Capoeira zu lernen ist ein langer Prozess. Das Üben hilft dir, dich mit verschiedenen Bewegungen vertraut zu machen, die deine Fähigkeiten erheblich verbessern können.

Wenn du Capoeira spielst, solltest du dich ständig in der *Roda* bewegen. Diese Bewegungen sind grundlegend für das Capoeira-Spiel, und sie können dir auch helfen, mehr Taktik zu begreifen. Mit diesen Tipps kannst du deine Fähigkeiten deutlich verbessern. Vergiss nicht, dass das Lernen von Capoeira nie aufhört. Es gibt immer etwas Neues zu meistern.

Kapitel 7: Verteidigungsformen im Capoeira

Beim Capoeira sollte es keinen Körperkontakt geben, aber es gibt defensive Bewegungen, die du kennen solltest. Wenn du angegriffen wirst, solltest du wissen, wie du dich schützen kannst, um ernsthafte Verletzungen zu vermeiden. In diesem Kapitel geht es um verschiedene Bewegungen zur Verteidigung und wie du sie effektiv ausführen kannst.

Capoeira zur Selbstverteidigung

Du fragst dich, ob Capoeira die effektivste Kampfsportart ist, die du zur Selbstverteidigung einsetzen kannst? Viele Menschen ziehen Kampfsportarten in Betracht, um sich selbst zu schützen. Capoeira wird jedoch als Spiel angesehen und ist weniger effektiv für die Selbstverteidigung, aber du kannst es trotzdem nutzen, um Angriffen auszuweichen. Obwohl weithin angenommen wird, dass Capoeira kontaktlos ist und hauptsächlich der Show dient, kann es die beste Option zur Selbstverteidigung sein. Capoeira ist im Straßenkampf sehr beliebt, da es dich darauf vorbereitet, beweglich zu sein, und dir einige vielseitige Bewegungen beibringt.

Defensive Capoeira-Bewegungen

Es gibt verschiedene Capoeira-Bewegungen, die du zur Verteidigung einsetzen kannst. Im Folgenden sind die gängigsten defensiven Bewegungen aufgeführt.

Ginga

Im Capoeira ist *Ginga* die grundlegendste Bewegung, die du kennen solltest. Um diese Bewegung auszuführen, musst du dich abwechselnd mit beiden Beinen erst nach hinten, dann nach vorne und dann zur Seite bewegen. Auch deine Hände bewegen sich mit deinem Körper, um die Stellen zu schützen, die anfällig für Angriffe sind. *Ginga* ist eine grundlegende Bewegung des Capoeira, und nur sehr wenige Kampfsportarten nutzen diese Strategie.

Der Hauptzweck von *Ginga* ist es, deinen Körper auf verschiedene Bewegungen vorzubereiten, wie z.B. das Ausweichen und Abwehren von Angriffen. Als Capoeirista bist du ständig in Bewegung, was dazu beiträgt, den Gegner zu frustrieren und ihn in Schach zu halten. Das ist eine effektive Verteidigungstechnik, die dir dabei hilft, dein Momentum zu halten. Außerdem hilft es dir, in entscheidenden Momenten nicht das Gleichgewicht zu verlieren.

Balanca

Balanca ist eine Kombination aus seitlichen Bewegungen, die speziell darauf abzielen, den Gegner zu täuschen. Außerdem ist es für den Gegner schwer, deine nächste Bewegung vorherzusehen. Die Arme des Capoeirista bewegen sich beim *Balanca* immer seitwärts, um das Gesicht zu schützen. Damit kannst du dich ideal gegen schnelle Tritte, Handschläge und Kopfstöße verteidigen. In dieser Bewegung verlagerst du auch das Gewicht deines Körpers von einem Bein auf das andere, während du das Gleichgewicht hältst. Wenn du das perfektionierst, kannst du unerwartete Schläge ausführen.

Negativa

Capoeiristas nutzen diese spezielle Bewegung, um Angriffe abzuwehren, indem sie ihren Körper auf den Boden absenken. Du kannst deinen Körper auf eine Seite absenken, wobei eine Hand ihn stützt, während die andere das Gesicht schützt. Die Beine werden nahe beieinander gehalten, und der Körper muss in einer strategischen Position sein, um Verletzungen zu vermeiden. Du kannst diese Bewegung üben, wenn du mit dem Bauch auf dem Boden liegst. Es kann auch als Sweep eingesetzt werden. Wenn der andere Spieler einen stehenden Tritt ausführen will, wird sein gesamtes Gewicht von nur einem Bein getragen. Das ist die perfekte Gelegenheit, mit deinem gestreckten Bein das andere Bein von hinten einzuhaken und es aus dem Stand zu fegen. Diese Bewegung ist hervorragend geeignet, um dein Gesicht zu schützen.

Cocorinha

Cocorinha ist eine einfache und effektive Abwehrbewegung, die dich vor Rundtritten schützt, die auf deinen Oberkörper oder Kopf gerichtet sind. Du musst mit den Füßen flach auf dem Boden in die Kniebeuge gehen und die Knie nahe an die Brust ziehen, um deinen Körper zu schützen. Benutze eine Hand, um den Kopf zu schützen, während die andere Hand dich flach auf dem Boden stützt. Du kannst auch mit über dem Gesicht verschränkten Armen in die Kniebeuge gehen. Auf diese Weise kann dein Körper leicht nach unten gehen, so dass du allen ankommenden Tritten ausweichen kannst. Wenn du mit dem linken Arm balancierst, sieht es durch die Position des rechten Arms so aus, als würdest du an der rechten Achselhöhle schnuppern. Die rechte Faust sollte nach links zeigen und umgekehrt, wenn du den linken Arm zur Verteidigung einsetzt.

Wenn du den *Cocorinha* aus der *Ginga*-Position ausführen willst, sollte das rechte Bein hinten sein, während der rechte Arm oben ist. Tritt mit dem rechten Fuß parallel zum linken Fuß nach vorne und gehe dann in die Kniebeuge, während du dich vorwärtsbewegst. Achte darauf, dass beide Füße flach auf dem Boden stehen und die linke Hand ebenfalls auf dem Boden liegt. Achte darauf, dass dein rechter Arm über dem Kopf ist und die Faust zur linken Seite zeigt, während du nach vorne gehst. Du kannst die *Ginga*-Position wieder einnehmen, sobald der Tritt vorbei ist.

Esquiva

Beim *Esquiva* handelt es sich um ein tiefes Ausweichen, mit dem du Tritten ausweichen kannst, indem du dich nach rechts oder links bewegst, je nachdem, woher der Tritt kommt. *Esquivas* unterscheiden

Capoeira von anderen Kampfsportarten, da sie mit dem Fluss des Angriffs einhergehen und gleichzeitig einen potenziell verheerenderen Angriff auslösen. Die meisten Capoeira-Angriffe sind volle Tritte, die mehr Verletzungen verursachen können, wenn du versuchst, sie zu blockieren, anstatt ihnen auszuweichen. Es gibt hauptsächlich zwei Arten von *Esquiva*, nämlich *Esquiva de Baixa* und *Esquiva Lateral*.

Esquiva de Baixa

Die Bewegung ähnelt dem *Ginga*, aber dein Körper ist näher und tiefer am Boden. Die Hände und die Beine bewegen sich gemeinsam, während du die Hüften auf den Boden bringst. Du beugst den Oberkörper nach vorne, bringst den Kopf nach unten und benutzt die linke Hand, um das Gesicht zu schützen.

Esquiva Seitwärts

Diese Bewegung wird mit seitlichem Ausweichen oder seitlicher Flucht übersetzt und du kannst dich je nach Richtung des Kicks nach rechts oder links bewegen. Du kannst eine Hand benutzen, um den Körper zu stützen, während die andere dein Gesicht schützt.

Esquiva Diagonal

Esquiva Diagonal ist ein weiteres Beispiel für ein Ausweichen, das gleichzeitig mit einem Vorwärtskommen einhergeht. Anstatt zur Seite zu gehen, um einem Angriff auszuweichen, trittst du diagonal nach rechts oder links des Angriffs. Das bietet dir die Chance zum Gegenangriff, bei dem der rechte Arm das Gesicht schützt und der andere Arm das Körpergleichgewicht hält.

Queda de Quatro

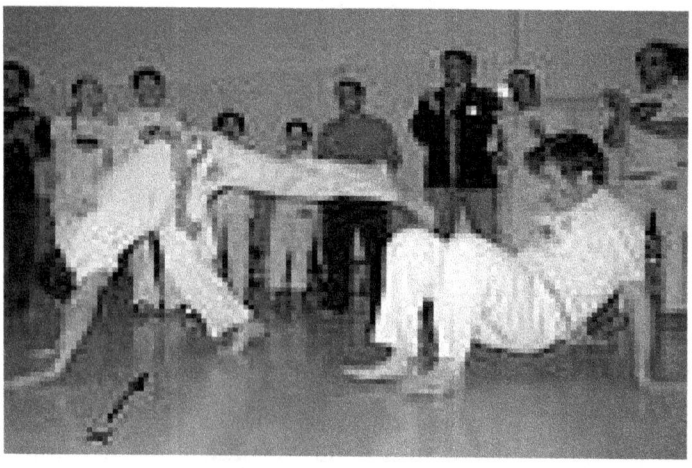

Der *Queda Quatro* bedeutet Fall auf alle viere und besteht aus einem Verteidigungsmechanismus, einer sehr einfachen Bewegung, die du ausführen kannst, wenn du nach hinten fällst. Das ist so, als ob du nach unten gestoßen wirst und mit beiden Händen hinter dir auf dem Boden landest. Dein Oberkörper und dein Hintern dürfen jedoch nicht den Boden berühren. Du kannst diese Bewegung als Verteidigung gegen einen geraden Angriff einsetzen. Die Bewegung ist auch gegen einen Schubser oder einen geraden Tritt wirksam, da du absichtlich nach hinten fällst, um dem Tritt zu entgehen.

Du kannst deinen Fall geschickt kontrollieren und die Bewegung macht die Wirkung des Tritts zunichte. Du kannst auch in eine Krebsgang-Position fallen und von deinem Gegner weglaufen. Während du am Boden liegst, kannst du den Gegner beobachten und seine nächste Aktion erkennen.

Resistência

Die *Resistência*-Bewegung ähnelt der *Negativa*, aber die Fußsohlen stützen dein Gewicht nicht. Der Ballen deines Fußes ist der Stützpunkt, während dein Arm auf der gegenüberliegenden Seite hilft. Um dein

Handgelenk zu schützen, musst du die Finger der unterstützenden Hand auf dem Boden spreizen. Du solltest den anderen Arm anheben, um das Gesicht zu schützen, und das Bein leicht nach außen strecken, aber mit einer Beugung. Die Beugung ist wichtig, denn sie hilft, dein Bein vor Druck zu schützen, der zu Verletzungen führen könnte, und deine Gastro-Soleus- und Quadrizeps-Muskeln zu unterstützen, um längeren Druck auf das Knie zu verhindern.

Während die meisten Anfänger in dieser Position auf den Boden schauen wollen, wird empfohlen, dass du nach oben schaust. Das hilft dir, deinen Gegner im Auge zu behalten, damit du seine Bewegungen oder Angriffe genau beobachten kannst. Wenn du die Absicht deines Gegners nicht erkennst, kannst du dich möglicherweise nicht verteidigen.

Rolê

Du kannst Rolê oder die rollende Bewegung zusammen mit dem *Aú* und *Ginga* anwenden, um dich als Verteidigungsstrategie um die *Roda* herum zu bewegen. Mit dieser Methode kannst du dich zur Seite drehen und tief auf dem Boden bleiben, während du den anderen Spieler beobachtest. Wenn du diese Bewegung ausführst, achte darauf, dass du Blickkontakt mit dem Gegner hältst und alle seine Bewegungen genau beobachtest. Diese Bewegung kann in *Negativa*, *Ginga* oder verschiedenen Arten von *Esquivas* enden. Du kannst zu verschiedenen Techniken übergehen, um dir einen Vorteil zu verschaffen, und alle Angriffe aus einer sicheren Entfernung beobachten.

Andere Defensiv-Bewegungen

Du kannst beim Capoeira auch verschiedene Arten von Tritten zur Verteidigung einsetzen.

Armada

Du kannst diese Bewegung als *Rabo-de-Arraia* verwenden, bei der deine Hände nicht auf dem Boden sind. Der Kopf fällt leicht unter die Taille, und du führst den Tritt mit der Ferse aus. Alternativ kannst du auch den *Meia Lua de Costas* oder einen Halbmond von hinten ausführen, um einen Drehkick mit aufrechtem Körper auszuführen. Dabei schlägst du mit der Außenseite des Fußes auf die Oberfläche. Das Drehmoment, das du auf deine Hüfte überträgst, spielt eine entscheidende Rolle für die Kraft der *Armada*. Du lässt dein kickendes Bein los, um den Bogen zu vollenden, und kommst zurück, um parallel zum anderen Bein zu werden, während deine Hände dich vor Schlägen schützen.

Armada Pulada

Das ist die Art von *Armada*, die du nach einem Sprung auslöst. Genau wie bei der normalen *Armada* kann der Capoeirista eine beliebige Seite wählen, um den Drehkick aus der Luft auszuführen. Dies sollte geschehen, nachdem sich Nacken, Kopf und Schultern nach vorne gedreht haben.

Armada Dupla

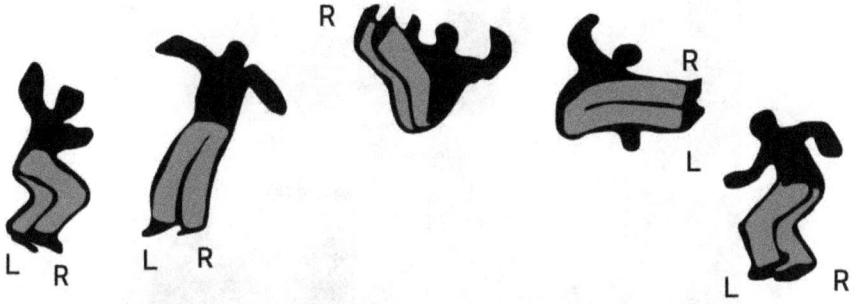

Diese Bewegung wird auch *Envergado* genannt. Das Hauptunterscheidungsmerkmal ist, dass deine Beine beim Abheben, bei der Ausführung und bei der Landung zusammenbleiben. Der Name bedeutet auch doppelte *Armada*, und dein Oberkörper bleibt aufrecht, gewinnt aber an Kraft, wenn du deine Beine nach oben und herum schwingst. Wenn du den Höhepunkt dieser Bewegung erreichst, nimmt dein Körper die Form eines V an. Während sich dein Körper auf die Landung vorbereitet, schwingen deine Beine weiter, und die Bewegung wird als Doppel-Bein bezeichnet. Dieser Tritt ist das Markenzeichen von Capoeira und bietet dir auch die Möglichkeit, dich gegen einen Gegner zu verteidigen.

Armada com Martelo

Diese Bewegung ist im Grunde ein sich drehender Doppelkick, der mit einer *Armada pulada* beginnt und mit einem *Martelo* endet. Du beginnst mit der gleichen *Armada*-Bewegung. Wenn du dein erstes Bein anhebst, springst du von deinem hinteren Bein ab. Wenn das erste Bein den Bogen vollendet hat, kommt das Bein, von dem du abgesprungen bist, wie ein springender *Martelo rotado* herum.

Bênção

Dies ist ein direkter Frontaltritt, der häufig auf die Brust oder den Bauchbereich zielt. Du schlägst mit der gesamten Fußsohle oder der Ferse zu, und die Wirkung hängt von deiner Absicht und deiner Reichweite ab. Der *Chapa* zum Beispiel ist als Fußsohlenschlag bekannt und wird für gerade Tritte mit der Ferse verwendet. Mit dieser Art von Tritt kannst du den Gegner wegstoßen, während du dich selbst verteidigst. Im Folgenden sind die Arten von Tritten aufgeführt, die du mit deiner Fußsohle ausführen kannst.

Chapa-de-Costas

Diese Art von Tritt ähnelt einem Pferdekick. Du führst ihn aus, indem du den Gegner trittst, während du mit beiden Händen auf dem Boden stehst. Der Tritt kann auf das Knie oder die Leiste des Gegners zielen.

Chapa-de-Frente

Dies ist ein gerader Tritt, den du mit dem Gesicht zum Gegner ausführst und der wie ein *Bençao a Queda de Quatro* aussieht.

Pisào

Das ist ein Seitwärtstritt, bei dem der erste Spieler das Knie des Beins, mit dem er treten will, auf Hüfthöhe anhebt.

Obwohl Capoeira keinen Körperkontakt beinhaltet, gibt es bestimmte Bewegungen, die du zur Verteidigung einsetzen kannst. Du kannst jede Bewegung für verschiedene Situationen nutzen. Versuche, für jede Situation die passende Abwehrbewegung zu finden, und setze nicht leichtsinnig eine Bewegung ein, die dir schaden kann. Noch wichtiger ist, dass du jede einzelne Bewegung, die du findest, üben solltest. Du kannst nie zu bereit sein.

Kapitel 8: Grundlegende Techniken im Capoeira

Wenn wir uns die verschiedenen Bewegungen ansehen, die im Capoeira verwendet werden, ist es einfacher, sie im Spiel zu verstehen. Im Capoeira Contemporanea werden zum Beispiel die gleichen Bewegungen wie im Angola verwendet, aber der Zweck und die Strategie sind sehr unterschiedlich. Ebenso werden bei verschiedenen Arten von Capoeira-Spielen unterschiedliche Strategien verwendet, und je nach Situation können bestimmte Bewegungen sinnvoller sein als andere.

Floreios zum Beispiel kann viele Formen annehmen. Im Allgemeinen versteht man unter *Floreios* die blumigen, akrobatischen oder ästhetischen Bewegungen im Capoeira. Die meisten Spielerinnen und Spieler, die diese Bewegungen ausführen, konzentrieren sich auf Handstände und Saltos, so dass der *Floreios* den Ruf hat, nur aus Saltos zu bestehen. Wie wir bereits besprochen haben, dienen *Floreios* vor allem der Ablenkung und Täuschung, die sich hinter einer akrobatischen und optisch ansprechenden Darbietung verbergen. Entgegen der landläufigen Meinung sind *Floreios* nicht nur Flips, sie sind viel mehr als das.

Da es sich um sehr technische Bewegungen handelt, die sowohl Geschick als auch Kraft erfordern, sind sie nicht weit verbreitet. Die meisten Menschen, die Capoeira oder die *Floreios* erlernen wollen, sehen darin eine akrobatische Übung, eine Kunst, und vergessen dabei, dass sie in Wirklichkeit ein wichtiger Bestandteil der Kampfkunst sind, der einen sehr funktionalen Zweck erfüllt.

Noch wichtiger ist, dass *Floreios* viel mehr sind als nur Saltos. Es gibt auch viele Bewegungen, die unter die Kategorie *Floreios* fallen, die nicht besonders schön anzusehen sind, aber außergewöhnlich gut funktionieren, wenn es darum geht, den Gegner zu täuschen. Zu den *Floreios* gehören nicht nur Saltos, sondern auch eine Reihe von Handbewegungen, Tritten, Kopfdrehungen, Bodenbewegungen, Variationen des Radschlags, Seitwärtssaltos und viele andere. Ein Spieler oder eine Spielerin kann diese Techniken wählen, wenn es die Situation erlaubt und erfordert.

Einer der Hauptgründe, warum sie nicht häufig eingesetzt oder geübt werden, ist, dass viele Spiele im Capoeira so eng sind, dass es einfach nicht genug Platz gibt. Die Spieler verlassen sich mehr auf Schnelligkeit und Beweglichkeit als auf Täuschung.

Bei anderen Spielarten, wie z.B. der *Roda*, werden mehr *Floreios* eingesetzt, aber auch hier achten die Spieler mehr auf den ästhetischen Teil der Bewegung als auf den Täuschungsaspekt. Viele Schulen trainieren diese Bewegungen sogar speziell wegen ihrer optischen Attraktivität. Manche Schüler/innen sind mehr daran interessiert, etwas zu machen, das gut aussieht, als etwas Effektives, das in einem Kampf eingesetzt werden kann.

Floreios spielt eine große Rolle bei der grundlegenden Technik im Capoeira. Nachfolgend sind einige der effektivsten Bewegungen aufgeführt.

Aú

Der Radschlag ist eine sehr dynamische Bewegung, die in vielen Capoeira-Spielen eine wichtige Rolle spielt. Es gibt viele Variationen dieser Bewegung, um jedem Bedürfnis und jeder Situation gerecht zu werden. Hier sind einige der am häufigsten verwendeten *Floreios*-Karussells, die zum Angriff, zur Verteidigung oder zur Ablenkung eingesetzt werden können. Außerdem sind Radschläge eine gute Möglichkeit, um Raum zu gewinnen und die Position schnell zu wechseln. Allerdings können sie dich entblößen und es erfordert Geschick und Timing, sie richtig auszuführen.

Aú De Cabeca

Diese Bewegung ist ein guter Einstieg, da sie einfach und sicher auszuführen ist. Diese *Aú* ist eher in Angola-Spielen verbreitet, da sie eine langsame Bewegung ist und in schnelleren Spielen nicht so effektiv ist.

1. Beginne in der regulären *Negativa*-Position mit einer Hand auf dem Boden seitlich deines Körpers.

2. Stütze dich auf die Hand am Boden, lege deinen Kopf auf den Boden und lege dann deine andere Hand auf den Boden.

3. Wenn du anfängst, deinen Körper zu bewegen, verlagere das Gewicht auf deinen Kopf und beginne den Schwung mit deinem ersten Bein.

4. Beide Beine schwingen horizontal über den Körper weg von deinem Kopf und folgen dabei der gleichen Linie.

Aú Fechado

Dies ist ein fantastisches defensives Rad, da es deinen Brustkorb während der Drehung schützt. Anders als bei anderen Radschlägen, bei denen deine Beine nach oben und außen gestreckt sind, sind deine Knie in diesem Fall näher an deiner Brust. Das macht dieses Rad aber auch so anspruchsvoll.

1. Beginne das *Aú*, indem du deine Hand auf den Boden legst und in die Bewegung einsteigst, um ein seitliches *Aú* auszuführen.

2. Das Wichtigste ist, dass du deine Beine nur leicht anhebst und deine Knie gebeugt hältst, damit deine Oberschenkel deine

Brust schützen.

3. Dies ist eine langsame Bewegung, bei der du während des Überganges fast einen Handstand machst.

4. Halte deine Beine während der gesamten Bewegung angezogen.

Aú De Frente

Das Frontalrad ist eine großartige Bewegung, die dir bei vielen Drehtritten und anderen frontalen Bewegungen helfen wird. Das ist eine schnellere Bewegung, die Rhythmus erfordert. Achte darauf, dass du in diese Bewegung hineingehst und deine Hüfte oben hältst, wenn du nicht flach auf dem Boden landen willst.

1. Führe die Bewegung aus und setze deine Hände auf den Boden, um die *Aú* zu beginnen. Achte darauf, dass du den Schwung des ersten Schritts beibehältst.

2. Das Bein, mit dem du den Boden zuerst verlassen hast, sollte als erstes wieder aufsetzen.

3. Während des Übergangs ist es wichtig, dass du deine Hüfte aufrecht und das Landebein ganz gerade hältst. Wenn du ein Gefälle hast, auf dem du die Bewegung ausführen kannst, kannst du sie viel leichter lernen.

Helikopter

Dies ist ein sehr beliebter *Aú*, der im Kampf zwar nicht viel Anwendung findet, aber optisch sehr ansprechend ist. Das Wichtigste ist, dass du dich während des *Aús* gerade hältst, damit du richtig landen kannst.

1. Beginne den *Aú* mit den Beinen leicht nach vorne, damit sie nicht direkt über deinen Kopf gehen.
2. Das Wichtigste ist, dass du dein Drehbein während der Bewegung zurückbringst, als ob du eine weitere Drehung damit machen würdest. So kann dein Landebein die richtige Position einnehmen.
3. In diesem *Aú* landest du mit demselben Bein, mit dem du die Bewegung begonnen hast, also achte darauf, dass du gerade bleibst, damit du genug Zeit hast, dieses Bein hinüberzubringen.

Macaco

Diese Bewegung wird im Capoeira häufig verwendet - wahrscheinlich ist sie deshalb auch eine beliebte Bewegung, die immer wieder gerne gelernt wird. Es handelt sich dabei eher um eine Art Sprung aus der Kniebeuge als aus dem *Aú*, mit dem Unterschied, dass du nicht rückwärts springst.

1. Gehe in die Kniebeuge und lege deine Hände so weit wie möglich nach hinten. Je weiter hinten du bist, desto leichter wird es sein.
2. Stoße dich mit beiden Füßen vom Boden ab, während du die Hände auf dem Boden abstützt.
3. Deine Hände müssen sich schnell in Bewegung setzen, um dein Gewicht in der Luft zu halten.
4. Halte deine Körpermitte angespannt und deine Beine nah an der Brust. Halte den Schwung in einer gleichmäßigen Bewegung und lande schließlich auf beiden Füßen.

S-Dobrado

Der Hauptunterschied zwischen dieser Bewegung und dem *Macaco* ist der Absprung. Anstatt mit beiden Beinen abzuspringen, startest du mit einem Bein, was diese Bewegung sehr viel schwieriger macht. Um dies zu umgehen, kannst du von einer *Esquiva baixa* zum *S-Dobrado* übergehen, indem du die Beine wechselst und dann in den *S-Dobrado* startest. Wenn du die Kraft dazu hast, kannst du auch einen direkteren Ansatz wählen.

1. Aus der *Esquiva baixa* verlagerst du dein Gewicht auf das andere Bein und streckst einen Arm hinter dich.
2. Verlagere dein Gewicht auf den ausgestreckten Arm und stoße dich von dem Bein ab, das auf dem Boden liegt.
3. Bewege deinen anderen Arm in Position und schwinge deinen Körper hinüber.

Queda De Rins

Der *Queda De Rins* ist eine grundlegende Bewegung, die dir hilft, die Fähigkeiten für viele andere Bewegungen zu entwickeln. Das Wichtigste ist, dass du deinen Schwerpunkt richtig ausrichtest, um darauf aufbauend die anderen Variationen zu machen.

1. Beginne damit, deinen Kopf, zwei Hände und zwei Füße auf dem Boden zu positionieren.
2. Von diesem Punkt aus kannst du dazu übergehen, deine Füße vom Boden zu nehmen und dein Gewicht nur mit deinem Oberkörper zu tragen.
3. Sobald du in dieser Position das Gleichgewicht halten kannst, kannst du eine Reihe von Variationen ausführen.

Ponte

Diese Übung ist für die meisten Menschen etwas schwierig, deshalb ist es am besten, wenn du sie zuerst an der Wand ausprobierst, um die Bewegung zu verstehen. Ziel ist es, von der Ponte in den Vierfüßlerstand und dann wieder zurück in die Ponte zu kommen.

1. Stütze dich mit den Händen hinter dir an der Wand ab, wie du es bei einer Brücke auf dem Boden tun würdest.
2. Wenn du dich nach rechts bewegst, halte deine rechte Hand an der Wand und drehe deinen Körper um.
3. Vermeide es, dich in den Knien zu beugen, denn das macht es schwieriger. Das Hauptaugenmerk liegt auf der Drehung des Oberkörpers.
4. Sobald du diese Bewegung an der Wand sicher ausführen kannst, kannst du auf eine geneigte Fläche wechseln oder die Bewegung direkt auf dem Boden üben.

Corta Capim

Dies ist eine weitere sehr beliebte Bewegung im Capoeira, die du häufig bei anderen Kampfsportlern und sogar Breakdancern gesehen hast. Es handelt sich um eine sehr unauffällige Bewegung, die in vielen verschiedenen Situationen eines Kampfes sehr effektiv eingesetzt werden kann. Sie hilft auch dabei, den nötigen Schwung für andere Bewegungen zu erzeugen.

1. Beginne mit den Händen vor dir und halte dein Gewicht, während du mit einem Bein in die Kniebeuge gehst und das andere Bein gerade ausstreckst.
2. Das Ziel ist es, das Bein in einem Kreis unter dir zu drehen. Bewege deine Hände mit dem anderen Bein über sie, um die Bewegung zu vollenden.
3. Du kannst auch ganz einfach zwischen den Beinen wechseln und die Bewegung so schnell ausführen, wie du willst, wenn du erstmal mit der Bewegung vertraut bist.

Piao De Mao

Im Grunde ist dies ein Kopfstand mit einer Drehung, aber es ist oft sehr schwierig, ihn auszuführen und zu meistern. Diese Bewegung ist nicht ganz einfach und erfordert, dass du die Übung in einer einzigen fließenden Bewegung ausführst, um dein Gleichgewicht zu halten.

1. Mache einen Seitwärtsschritt und gehe in einen Kopfstand, damit du den Schwung für die Drehung hast.
2. In der Mitte des Kopfstandes bewegst du dich in einen einarmigen Kopfstand, wobei du deinen Kopf eng in die Achselhöhle legst. Außerdem musst du deine Hand so positionieren, dass das Gewicht auf deinem Piriformis liegt, also auf dem Knochen, der in einer Linie mit deinem kleinen Finger und am nächsten zu deinem Handgelenk liegt.
3. Du kannst mit einer einzigen Drehung beginnen. Wenn du mehr Stabilität entwickelst, kannst du so viele Drehungen machen, wie du willst, und während der Drehung sogar verschiedene Beinbewegungen ausführen.

Relogio

Dies ist eine weitere sehr beliebte Bewegung, die in vielen Bereichen außerhalb von Capoeira eingesetzt werden kann. Um sich auf diese Bewegung vorzubereiten, ist es hilfreich, die *Piao De Mao* und die *Queda de Rins* zu beherrschen, da dies eine Kombination aus diesen beiden Bewegungen ist.

1. Beginne mit dem *Queda de Rins* Stand und verlagere dein Gewicht auf eine Handfläche, während du darauf achtest, dass dein Ellbogen fest an deinem Körper anliegt.
2. Beuge deine Füße nach hinten, während du die Drehung einleitest. Das hilft dir, dein Gewicht zu zentrieren und im Gleichgewicht zu halten.
3. Wenn das ganze Gewicht dort ist, wo es sein soll, und dein Gleichgewicht auf der Handfläche stimmt, kannst du mit einer oder mehreren Drehungen in die Bewegung gehen.

Piao De Cabeca

Diese Bewegung sieht zwar einfach aus, erfordert aber eine Menge Gleichgewicht und Kraft. Achte außerdem darauf, dass du einen guten Kopfschutz hast, bevor du sie ausführst. Du kannst sie auch auf einer gut gepolsterten Unterlage ausführen, da dein ganzes Gewicht auf dem Kopf ruht. Da der Schädel kein Fleisch hat, das ihn abfedern könnte, kann es sehr schmerzhaft sein. Außerdem hilft es, deine Nackenmuskeln für diese Bewegung zu trainieren, denn wenn du noch nie für eine ähnliche Bewegung trainiert hast, kannst du dein Gewicht vielleicht nicht halten.

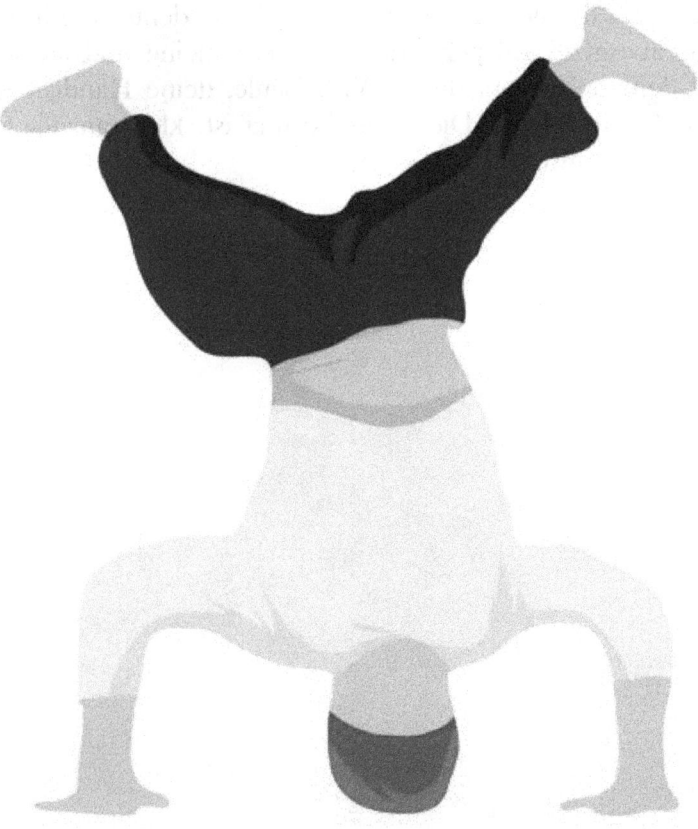

1. Du beginnst in einer Ponte-Position und hebst dich in einen niedrigen Handstand.
2. Lege deinen Kopf auf den Boden und verteile dein Gewicht gleichmäßig auf deine Handflächen und deinen Kopf.
3. Zu Beginn kannst du versuchen, dich mit deinen Händen und deinem Kopf zu drehen. Wenn du diese Bewegung mit der Zeit

verbesserst, kannst du versuchen, deine Hände zu heben, so dass du dich nur noch mit dem Kopf drehst.

Viele dieser Bewegungen spielen eine wichtige Rolle bei anderen größeren Bewegungen und anderen Routinen. Die Entwicklung von Muskelkraft und Stabilität ist der Schlüssel für jede Capoeira Bewegung, aber ganz besonders für *Floreios*. Wenn du die Bewegungen im Capoeira meistern willst, ist es wichtig, dass du die *Floreios* perfektionierst, denn sie sind das Sprungbrett, das dir hilft, die Kraft und die Fähigkeiten aufzubauen, die du für andere Bewegungen brauchst. Sei vorsichtig, wenn du diese Bewegungen ausführst, denn sie erfordern oft, dass du dein ganzes Körpergewicht auf sehr kleine und empfindliche Teile wie deinen Nacken, deine Wirbelsäule, deine Handgelenke und deine Handflächen legst. Die beste Lösung ist, klein anzufangen und langsam und schrittweise vorzugehen.

Kapitel 9: Die Verbindung von Capoeira mit Tanz und Musik

Wie in den vorherigen Kapiteln beschrieben, hat Capoeira seine Wurzeln bei den versklavten Menschen aus Westafrika, die nach Brasilien gebracht wurden. Es wird angenommen, dass die Kampfkunst entstand, um Gesetze zu umgehen, die Sklaven daran hinderten, Kampfkünste und andere kulturelle Traditionen zu praktizieren.

Um den Zweck der Kunst zu verschleiern, entwickelten die ersten Praktizierenden einen einzigartigen Stil, der als Tanz getarnt werden konnte. Deshalb hat Capoeira seit seinen Anfängen eine besondere Verbindung zu Musik und Tanz, die bis zum heutigen Tag anhält.

Capoeira und die Bateria

Musik ist ein fester Bestandteil von Capoeira, vor allem, wenn sie als Spiel und nicht als reine Kampfkunst ausgeführt wird.

Während der *Roda*, dem Kreis, in den die Capoeira- Spieler/innen eintreten, bestimmen die Mitglieder das Tempo des Spiels, indem sie traditionelle Lieder singen und zur Musik in die Hände klatschen.

Die Musik bestimmt nicht nur das Tempo des Spiels, sondern auch den Stil, der gespielt wird. Verschiedene Lieder werden mit verschiedenen Arten von Capoeira in Verbindung gebracht, und die beiden Capoeiristas im Kreis ändern ihre Bewegungen, um dies widerzuspiegeln.

Die Musik kann auch bestimmen, wann das Spiel endet. Einer der Berimbau-Musiker im Kreis kann das Spiel beenden, aber auch, wenn einer der Capoeiristas beschließt, den Kreis zu verlassen oder wenn das Spiel von einem anderen Capoeirista unterbrochen wird.

Die Musik der Capoeira wird sowohl von den Sängern als auch von den Instrumenten geformt und besteht aus verschiedenen Rhythmen, den sogenannten *Toques*, die von sehr langsam bis sehr schnell reichen.

Die Instrumente, die während einer *Roda* gespielt werden, sind in einer Formation angeordnet, die als *Bateria* bekannt ist, was auf Portugiesisch und Spanisch Schlagzeug bedeutet. Die *Bateria* besteht traditionell aus drei Berimbaus, zwei *Pandeiros*, drei *Atabaques* sowie einem *Agogô* und einer *Ganzá*.

Diese Anordnung kann jedoch je nach Capoeira-Gruppe und Stil der *Roda* variieren. Oft wird die *Bateria* durch andere Instrumente ergänzt, z. B. durch das *Reco-Reco*. Mestre Bimba, der Begründer der Capoeira Regional, bevorzugte es zum Beispiel, eine Berimbau und zwei Padeiros in seinen *Rodas* zu verwenden. Unabhängig von der Gruppe ist jedoch immer mindestens ein Berimbau bei der *Roda* dabei.

Die Berimbau ist immer das führende Instrument und bestimmt sowohl den Stil als auch das Tempo der Musik, die der Rest der *Bateria* spielt. Der Berimbau-Teil der *Bateria* besteht aus zwei tiefen Instrumenten (bekannt als *Medio* und *Gunga*), die die Basis bilden, und einem hohen Instrument (auch als *Viola* bekannt).

Die anderen Instrumente der *Bateria* folgen dem Rhythmus der Berimbau-Gruppe, können aber auch improvisieren und die Musik je nach Tradition der jeweiligen Capoeira-Gruppe ein wenig variieren.

Da die Musik den Stil, die Geschwindigkeit und die Aggressivität bestimmt, ist sie der treibende Faktor des Spiels. Ohne sie würde das Spiel ganz anders aussehen.

Berimbau

Das Berimbau ist ein einsaitiges Instrument, das einem Bogen ähnelt. Sein Ursprung ist noch nicht genau erforscht, aber wahrscheinlich stammt es aus Afrika und ist eine Adaption der afrikanischen Tradition der Kürbisbögen.

Es gibt drei Hauptklänge, die ein Berimbau während eines Capoeira-Spiels erzeugt:

- Der Brummton
- Der Klang der offenen Saite
- Der hohe Ton

Es gibt zwar noch andere Töne, die das Instrument erzeugen kann, aber diese drei Töne bestimmen den Rhythmus des Spiels.

Es gibt drei Berimbaus, die während eines Capoeira-Spiels gespielt werden:

1. **Die Gunga:** Sie wird von den besten Capoeirista gespielt. Je nach Stil der Capoeira-Gruppe kann der Gunga-Spieler entweder improvisieren oder sich an den Hauptrhythmus halten. In der Regel spielt der Anführer der *Roda* die Gunga, und die anderen Instrumente folgen ihm. Außerdem ist der Gunga-Spieler oft auch der Hauptsänger der *Roda*. Das Instrument wird benutzt, um die Spieler zum Fuß des Berimbau zu rufen, von wo aus sie die *Roda* betreten.
2. **Der Medio:** Der Dialog zwischen dem Medio und der Gunga trägt dazu bei, dem Toque der Capoeira seinen Charakter zu verleihen.
3. **Die Viola:** Die Viola sorgt für Variationen und Improvisationen der Toque. Sie wird oft als die Hauptgitarre der *Bateria* bezeichnet.

Atabaque

Die *Atabaque* ist eine afro-brasilianische Handtrommel, die traditionell aus Jacaranda-Holz und Kalbsfell hergestellt wird, zusammen mit Seilen und einem Metallring am Körper, der als Stimmmechanismus dient. Manchmal wird sie auch als *Atabaque* de Corda bezeichnet.

Die Trommeln kamen ursprünglich mit versklavten Afrikanern, als diese von den portugiesischen Kolonialherren nach Brasilien gebracht wurden. Sie spielen nicht nur im Capoeira eine Rolle, sondern werden auch im afro-brasilianischen Tanz *Maculelê* verwendet und gelten in den Religionen der *Candomblé* und *Umbanda* als heilige Instrumente.

Die *Atabaque* gehört nicht so sehr zu einem Capoeira-Spiel wie die Berimbau. Aufgrund ihrer Größe wird sie bei spontaneren *Rodas* oft weggelassen oder durch ein anderes Schlaginstrument ersetzt, das einen ähnlichen Klang erzeugt. Je nach Spieler und Capoeira-Gruppe kann die *Atabaque* entweder mit den Händen, den Stöcken oder einer Kombination aus beidem gespielt werden.

Pandeiro

Das *Pandeiro* ist eine Rahmentrommel, die mit der Hand gespielt (und gehalten) wird und dem bekannteren Tamburin sehr ähnlich ist. Es ist eines der beliebtesten Instrumente in Brasilien und wird oft als das inoffizielle Nationalinstrument des Landes bezeichnet.

Der wichtigste Unterschied zwischen Tamburinen und *Pandeiros* ist der Klang, den beide erzeugen. Die Töne, die das *Pandeiro* erzeugt, sind rauer, weniger lang anhaltend und schärfer als die des Tamburins. Wie das Tamburin wird auch das *Pandeiro* mit den Fingerspitzen, der

Handfläche und dem Daumen gespielt, und die Art und Weise, wie der Spieler diese abwechselnd einsetzt, hilft dabei, den Rhythmus zu erzeugen. Dieses Instrument ist kompakt und leicht zu transportieren, zwei Faktoren, die zu seiner Beliebtheit beitragen. Deshalb ist es auch eines der häufigsten Instrumente im Capoeira - anders als die *Atabaque* ist es Teil fast jeder *Roda*.

Agogô

Das *Agogô* ist eine Doppelglocke, die ursprünglich von den *Yoruba* und *Edo* in Westafrika stammt. Sie hat die höchste Tonhöhe aller *Bateria*-Instrumente und gilt als das älteste Capoeira-Instrument.

Es wird angenommen, dass sie auf den Einzel- und Doppelglocken der *Yoruba* basiert. Die Glocke ähnelt einer westlichen Kuhglocke und wird mit einem Holzstab gespielt. Der Name *Agogô* ist eine Lautmalerei für den Klang, den sie beim Spielen erzeugt.

Ganzá

Die *Ganzá* ist ein rasselähnliches Instrument, das als Schlaginstrument verwendet wird. Es ist ein Zylinder aus Metall oder einem handgeflochtenen Korb, der mit Metallkugeln, Perlen, Kieselsteinen und ähnlichen Gegenständen gefüllt ist. Es trägt dazu bei, der Musik ein grundlegendes Rhythmusgefühl zu verleihen.

Reco-Reco

Der *Reco-Reco* ist ein Schrapinstrument, das seinen Ursprung in Afrika hat. Er wird traditionell aus Bambus oder Holz hergestellt, aber auch *Reco-Recos* aus Metall werden immer häufiger verwendet. Es wird mit einem Holz- oder Metallstab gespielt, wobei die Metallmodelle einen viel lauteren Klang erzeugen als die Holz- und Bambusvarianten. Das *Reco-Reco* begleitet den Rest der *Bateria* rhythmisch.

Andere Elemente der Capoeira-Musik

Einige Theoretiker behaupten, dass die Musik während der *Roda* eingesetzt wird, um einen heiligen Raum zu schaffen. Sowohl die Formation des Kreises als auch die Musik selbst dienen dazu, eine Verbindung zur Geisterwelt herzustellen. Sogar die verwendeten Instrumente sind von Bedeutung. Die *Atabaque* hat in vielen afro-brasilianischen Religionen eine religiöse Bedeutung, während die Berimbau in Afrika und in der versklavten afrikanischen Diaspora in Ritualen verwendet wurde, um mit den Ahnen zu kommunizieren. Sogar die Bewegungen im Capoeira sollen den Capoeiristas spirituelle Kraft verleihen.

Neben den *Bateria* sind auch die Lieder, die zusammen mit den Instrumenten gesungen werden, ein wichtiges Element der Capoeira-Musik. Jedes Lied hat normalerweise eine Bedeutung und ein Thema, z.B:

- Volkstümliche Lektionen
- Die Würdigung der Geschichte
- Die Würdigung der Sklaverei und der Wurzeln der Capoeira
- Die Würdigung der symbolischen Aspekte der Capoeira
- Die Würdigung der physischen Wurzeln von Capoeira
- Biografien und Autobiografien
- Mythologie
- Metaphorische Kommentare zum gespielten Spiel
- Direkte Kommentare zum gespielten Spiel
- Lieder zur Begrüßung und Verabschiedung
- Lieder, die Frauen in der *Roda* willkommen heißen
- Meta-Capoeira-Lieder - Lieder, die sich direkt auf Capoeira beziehen

Von den oben genannten Themen ist eines der interessantesten die direkte Kommentierung des gespielten Spiels. Diese Form des Gesangs hat oft einen direkten Einfluss auf das Spiel, auch wenn dies für jemanden, der kein Portugiesisch spricht, nicht sofort erkennbar ist.

Bei dieser Art von Liedern beginnt der Leiter des Liedes mit einem Kommentar zum laufenden Spiel. Dazu gehört, dass er sich über Fehler lustig macht und vor allem, dass er einem Spieler sagt, was er tun soll. Wenn der Anführer das Gefühl hat, dass das Spiel zu heftig wird, kann er den Capoeiristas sagen, dass sie langsamer machen sollen. Umgekehrt kann er die Capoeiristas auffordern, schneller zu werden, wenn er das Gefühl hat, dass das Spiel zu langsam ist.

Es gibt drei Hauptgesangsstile, die das Schlussstück bilden: die *Ladainha*, der *Corrido* und die *Quadra*. Außerdem gibt es den *Louvação*, der den Anfang des Ruf- und Antwortteils der *Roda* bildet.

Ladainha

Die *Ladainha* steht am Anfang der *Roda* und ist ein Solo, das vom ältesten Mitglied der Gruppe gesungen wird. Der Sänger ist normalerweise auch derjenige, der die Berimbau spielt.

Die Lieder können an Ort und Stelle improvisiert werden, aber es gibt auch einen Kanon von *Ladainhas*, aus dem die Sängerinnen und Sänger wählen können. Sie variieren in der Länge von wenigen Zeilen bis zu 20 Zeilen.

Die Themen der *Ladainha* umfassen oft Geschichten, Mythologie, Geschichte und moralische Lektionen. Sie sind zwar fast immer metaphorisch, können aber je nach Anlass auch reine Poesie oder ein aktuelles Thema sein. Die Melodie bleibt während des *Ladainha* relativ konstant, obwohl es einige kleine Variationen geben kann, und die erste Zeile wird normalerweise wiederholt.

Corrido

Corridos sind überlappende Ruf- und Antwortabschnitte, die traditionell in der afrikanischen Musik vorkommen und mit einem *Louvação* eingeleitet werden. Dieser Abschnitt ist ein kurzes Lied, das eine Antwort enthält, die normalerweise unverändert bleibt.

Der *Corrido* bietet den Sängerinnen und Sängern die Möglichkeit, mit dem Geschehen in der *Roda* zu kommunizieren und dient als Mittel, um

- die Spieler anzuspornen
- das Geschehen zu kommentieren
- die Spieler zu loben oder zu warnen
- Geschichten zu erzählen
- Moralische Werte zu lehren
- Jemanden oder etwas auffordern

Es gibt verschiedene *Corridos*, die jeweils unterschiedlichen Zwecken dienen. Sie können auch eine Herausforderung sein. Das ist der Fall, wenn der Chorleiter einen *Corrido* singt und kurz darauf einen anderen, sehr ähnlichen singt. Der Chor muss genau auf den Text achten, um die richtige Antwort zu singen.

Corridos sind seltener als *Ladainhas* und verlangen von den Sängerinnen und Sängern mehr Können. Wenn der *Corrido* entfällt, wird die Herausforderung während der *Ladainha* gestellt.

Jeder *Corrido* hat eine andere Melodie, es kann aber auch *Corridos* mit der gleichen Melodie geben. So können die Sängerinnen und Sänger ein großes Repertoire an *Corridos* lernen, ohne dass sie zu viele Dinge auswendig lernen müssen. Die *Corrido*-Antwort wird vom Chor unisono gesungen, und eine gelegentliche Harmonisierung kann von einem der Sänger oder einer Sängerin als Interpunktion verwendet werden.

Quadra

In einigen Schulen der Capoeira Regional und der Capoeira Contemporânea ersetzt die *Quadra* die *Ladainha*. Sie ist eine Erfindung von Mestre Bimba und ein Lied, das auf die *Louvação* folgt.

Der Hauptunterschied zwischen der *Ladainha* und der *Quadra* besteht darin, dass die *Quadra* keine Standardmelodie hat (oder ein Melodiemodell, an dem sich das Modell orientiert). Es gibt eine größere Vielfalt, aus der die Sängerinnen und Sänger schöpfen können. Je nach Text können *Quadras* auch als Abwandlung des *Corrido* funktionieren.

Louvação

Der *Louvação* ist der Beginn des *Corrido*, des Ruf- und Antwortteils der *Roda*. Während er traditionell eine Anrufung Gottes und der Mestres und eine Art des Dankes ist, kann er auch einen improvisierten Inhalt haben, was bedeutet, dass der Chor auf den Ruf-Teil achten muss, damit er die richtige Antwort geben kann.

Anders als beim *Corrido* und der *Quadra* gibt es bei den *Louvaçãos* keine unterschiedlichen Melodien. Wie beim *Corrido* singt der Chor den Antwortteil des *Louvação* in der Regel einstimmig, und einer der Sänger kann gelegentlich eine Harmonisierung als Form der Interpunktion verwenden.

Capoeira und Tanz

Capoeira ist zweifellos eng mit der Musik verbunden, hat aber auch eine enge Beziehung zum Tanz. Wenn du anfängst, diese Kunstform zu lernen, wirst du bald merken, dass die Bewegungen einem schnellen, energiegeladenen Tanz ähneln.

Capoeira kann auch gewalttätiger sein als andere Kampfsportarten. In der Blütezeit der Kunstform trugen Capoeiristas oft Messer und Klingenwaffen bei sich. Oft wurden sie bei tanzähnlichen Ritualen in den Berimbaus versteckt. Im frühen 20. Jahrhundert misstrauten die brasilianische Gesellschaft und die Regierung den Capoeiristas. Capoeira überlebte diese Zeit, indem sie zu einer eher gesitteten Tanzform wurde, bis sie Anfang der 1940er Jahre wieder mehr Akzeptanz in der Öffentlichkeit fand.

In den 1970er Jahren begannen die Capoeira Mestres aus Brasilien auszuwandern und machten den Rest der Welt auf Capoeira aufmerksam. Viele von ihnen wanderten in die Vereinigten Staaten aus, darunter auch Mestre Jelon Vieira. Zusammen mit Loremil Machado war Mestre Vieira der erste Capoeira-Mestre, der in den Vereinigten Staaten lebte und unterrichtete.

Zur gleichen Zeit, als Vieira im Capoeira in New York unterrichtete, wurde Breakdance in der afroamerikanischen Gemeinschaft in den Vereinigten Staaten populär. Obwohl der Breakdance seine Wurzeln in anderen Tanzformen wie dem Lindy Pop und dem Charleston sowie in den Bewegungen von James Brown hat, ist klar, dass sich die Bewegungen von Breakdance und Capoeira unheimlich ähnlich sind.

Die Parallelen zwischen Breakdance und Capoeira sind so stark, dass manche meinen, Capoeira habe die Art und Weise, wie Breakdance heute getanzt wird, maßgeblich beeinflusst. In den 1980er und 1970er Jahren war Capoeira im Bewusstsein der Menschen weit verbreitet und erschien auf verschiedenen Ausgaben und auf der Titelseite des populären Black Belt Magazine. Auch in anderen Publikationen, die sich vor allem an ein farbiges Publikum richten (die Gemeinschaft, die den Breakdance entwickelt hat), wurde Capoeira behandelt.

Außerdem veranstalteten Vieira und Machado Vorführungen und Kurse in ganz New York. Vieira tat sich mit der Theaterregisseurin Ellen Stewart zusammen, um Kurse im East Village anzubieten, und Capoeira fand in den 1970er Jahren seinen Weg in die South Bronx.

Allerdings ist diese Verbindung alles andere als sicher. Die Journalistin und Tanzhistorikerin Sally Banes stellte bei ihrer Berichterstattung über Breakdance fest, dass die räumliche Ebene des Breakdance an Capoeira erinnerte, die spektakuläre brasilianische Tanz-Kampfkunstform, die sich durch Radschlagen, Tritte und Tricks in Bodennähe auszeichnet, aber die beiden waren sich in Form und Timing so unähnlich, dass Capoeira allenfalls ein entfernter Verwandter zu sein schien.

Unabhängig davon, ob Capoeira den Breakdance direkt beeinflusst hat oder nicht, zeigt die Ähnlichkeit zwischen den beiden Stilen auf jeden Fall die tiefe Verwandtschaft der Kunstform mit dem Tanz - eine

Verwandtschaft, die bis zum heutigen Tag anhält.

Im Capoeira geht die Geschichte nicht auf eine afrikanische Kampfkunst zurück, sondern auf einen rituellen Tanz, der mehrere der heute bekannten Bewegungen wie Kopfstöße, Ohrfeigen, Tritte, Täuschung und Ausweichen beinhaltet. Dieser Tanz war ein religiöser Tanz, der den Ausführenden eine Verbindung zum Jenseits verschaffte und es ihnen ermöglichte, ihre Ahnen zu channeln.

Die Verbindung von Capoeira mit Tanz und Musik ist unbestreitbar. Ohne den Einfluss dieser Ausdrucksformen auf die Kunstform sähe Capoeira ganz anders aus, sowohl in Bezug auf die Bewegungen als auch auf die Kultur, die sie umgibt.

Capoeira ist nicht nur von Tanz und Musik inspiriert, sondern beeinflusst auch Tanz und Musik. Es ist eine großartige Form des Ausdauertrainings und wird unter Fitnessbegeisterten auf der ganzen Welt immer beliebter. Im nächsten Kapitel erfährst du mehr über die Beziehung von Capoeira und Fitness.

Kapitel 10: Capoeira und Fitness

Im Capoeira wird der ganze Körper trainiert, denn es ist rhythmisch und schnell. Da die tanzähnlichen Bewegungen eine Vielzahl von Tritten, Handständen und Akrobatik beinhalten, können Menschen jedes Fitnesslevels das Brennen fast sofort spüren. Aber ist es auch sicher? Viele Menschen sind von der Intensität des Trainings eingeschüchtert oder machen sich Sorgen, ob ihr Körper mit solch athletischen Bewegungen zurechtkommt. Obwohl ein außergewöhnlich intensives Training ein gewisses Risiko mit sich bringt, ist das Verletzungsrisiko minimal, wenn du Spaß an Capoeira hast und es richtig ausübst. Richtig bedeutet, von einem qualifizierten Lehrer zu lernen, es am Anfang langsam anzugehen und die richtige Reihenfolge der Bewegungen einzuhalten.

In diesem Kapitel wird der Zusammenhang zwischen Capoeira und Fitness beleuchtet. Es hilft dir, die verschiedenen gesundheitlichen Vorteile dieser brillanten Tanzform zu entdecken, die mit außergewöhnlichen Aspekten des Kampfsports durchsetzt ist. Am Ende dieses Kapitels wirst du die Effektivität von Capoeira als Sportart und seine erstaunlichen gesundheitlichen Vorteile verstehen.

Die Verbindung zwischen Capoeira und Fitness

Das Schöne an Capoeira ist, dass es ein Ganzkörpertraining ist. Du musst deinen ganzen Körper einsetzen. Außerdem ist es ein effizienter Weg, um aktiv zu bleiben und deine kardiovaskuläre Fitness zu verbessern. Es steigert die Ausdauer, verbessert die Flexibilität und stärkt deine Körpermitte. Bedenke, dass Capoeira zwar ein Ganzkörpertraining ist, Anfänger aber besonders gefährdet sind, ein Muskelungleichgewicht zu entwickeln. Wenn du neu im Capoeira bist, ist es wichtig, dass du vor und nach dem Unterricht Zeit für Dehnübungen einplanst. So kannst du deine Muskeln entspannen und Verletzungen vorbeugen.

Capoeira bildet eine solide Grundlage für Muskelausdauer, Koordination und Flexibilität. Es ist ein hochintensives Training, bei dem die Herzfrequenz schnell ansteigt und für kurze Zeit hoch bleibt, vor allem, wenn du das Berimbau in deine Bewegungen einbeziehst. Die Geschwindigkeit und die Intensität der Capoeira-Bewegungen bewirken, dass ein Überschuss an Sauerstoff in deinem Körper zirkuliert. Denk daran, dass dies nur der Fall ist, wenn die Bewegungen richtig ausgeführt werden. Wenn du sie unsachgemäß ausführst oder durch eine Sequenz hetzt, wird dein Körper nicht den vollen Nutzen aus Capoeira ziehen.

Capoeira verbrennt auch erstaunlich viele Kalorien, vor allem wenn du das Berimbau mit einbeziehst. Das ständige Schwingen des Berimbau erzeugt Wärme in deinem Körper und bringt dich zum Schwitzen. Die Kombination aus Schwingen, Springen, Treten und Drehen kann schon nach dreißig Minuten Spielzeit zu einem erheblichen Kalorienverbrauch führen.

Capoeira erfüllt eine Vielzahl von Fitnesszielen

Das Hauptziel im Capoeira ist es, deinen Körper in Bewegung zu halten. Es ist ein dynamisches Workout, bei dem alle Muskeln beansprucht werden. Abhängig von der Intensität, dem Tempo und der Art und Weise, wie du das Berimbau in deine Bewegungen einbeziehst, kann Capoeira an eine Vielzahl von Fitnesszielen angepasst werden. Du kannst die Intensität niedrig halten, um es Anfängern und älteren Menschen zugänglicher zu machen, oder du kannst das Berimbau benutzen, um das Tempo und die Intensität zu erhöhen, was es zu einem hochintensiven Workout macht.

Aerobic Capoeira vs. Anaerobic Capoeira

Aerobic Capoeira besteht aus langsamen, kontrollierten Bewegungen, die einen kontinuierlichen Bewegungsfluss erzeugen. Es wird meist mit einer moderaten Intensität und einem moderaten Tempo ausgeführt. Diese Art von Capoeira ist besser geeignet, um den Körper zu straffen und Gewicht zu verlieren, da es sich um ein Training mit geringer Intensität handelt, das deinen Körper nicht zu sehr belastet. Die anaerobe Capoeira hingegen besteht aus schnelleren Bewegungen mit höherer Intensität und Kraftanstrengung. Das Berimbau wird eingesetzt, um die Geschwindigkeit und Intensität zu erhöhen, was es zu einem großartigen Workout für Menschen macht, die ihre Körpermitte stärken und Fett verbrennen wollen. Der Hauptunterschied zwischen aerobem und anaerobem Capoeira ist die Geschwindigkeit der Bewegungen.

Obwohl Aerobic Capoeira oft als weniger intensiv als Anaerobic Capoeira angesehen wird, solltest du bedenken, dass diese Art von Capoeira auch für Menschen mit einem niedrigeren Fitnesslevel geeignet ist. Abhängig von der Intensität, der Geschwindigkeit und dem Tempo der einzelnen Bewegungen kann Anaerobic Capoeira sowohl für Anfänger als auch für Fortgeschrittene geeignet sein. Der einzige Unterschied zwischen den beiden ist, dass beim Anaerobic Capoeira das Berimbau verwendet wird, um die Geschwindigkeit und Intensität zu erhöhen.

Was sind die Vorteile von Capoeira?

Capoeira bringt viele Vorteile mit sich. Es ist eine effektive Methode, um gesund zu bleiben und deine körperliche und geistige Fitness zu verbessern. Es ist ein Ganzkörpertraining, bei dem du mit jeder Bewegung Kalorien verbrennst, deine Körpermitte stärkst, deine Muskeln kräftigst und deine Koordination und Flexibilität verbesserst. Hier sind einige der wichtigsten Vorteile, die Capoeira mit sich bringt.

Großartiges Herz-Kreislauf-Training

Capoeira ist ein großartiges Herz-Kreislauf-Training, das die Ausdauer verbessert, die Gesundheit des Herzens fördert und die Atemwege stärkt. Auch wenn es nach einer weniger intensiven Form des Ausdauertrainings aussieht, solltest du bedenken, dass Capoeira ein rasantes Training ist, das deine Herzfrequenz schnell in die Höhe treibt. Es handelt sich außerdem um ein intervallbasiertes Ausdauertraining, bei dem du dich in kurzen Intervallen intensiv bewegst, gefolgt von einer Erholungsphase.

Das ständige Schwingen und Treten im Capoeira stärkt deine Körpermitte und trainiert die Muskeln deines Oberkörpers. Die einzige Ausrüstung, die du für Capoeira brauchst, ist ein gutes Paar Schuhe, was es zu einer kostengünstigen Möglichkeit macht, gesund und fit zu bleiben. Indem du das Berimbau in deine Bewegungen einbeziehst, kannst du deine Körpermitte beim Treten, Springen und Drehen aktiv mit einbeziehen. Das bedeutet, dass du deine Körpermitte bei jeder Bewegung stärkst und kräftigst.

Strafft und trainiert die Arme und Beine

Obwohl Capoeira oft vernachlässigt wird, wenn man an Beintraining denkt, ist es eine der besten Methoden, um deine Beine und deinen Unterkörper zu trainieren. Die Sprünge und Drehungen im Capoeira trainieren deine Quadrizeps, Kniesehnen und Gesäßmuskeln, während die Tritte deine Oberschenkel stärken. Die Dreh- und Schwenkbewegungen stärken auch deine Knöchel, während das ständige Schwingen der Hüften die Muskeln deiner Beine formt.

Das ständige Schwingen und Treten macht Capoeira zu einem tollen Training für deine Arme. Außerdem verbessert es die Kraft des Oberkörpers, da es mehrere Armbewegungen und Aktivitäten beinhaltet, die deinen Oberkörper und deine Körpermitte mit einbeziehen.

Verbessert die Knochendichte und senkt das Osteoporoserisiko

Die Kombination von Capoeira mit anderen Sportarten ist eine gute Möglichkeit, deine Knochendichte zu verbessern. Wenn du Übungen mit hoher Belastung in dein Trainingsprogramm aufnimmst, z. B. Laufen oder Aerobic, kannst du die Kraft deiner Knochen verbessern und das Osteoporoserisiko verringern. Capoeira ist ein effektiver Weg, um deine Knochendichte zu erhöhen, denn es fordert dich auf, verschiedene Bewegungen auszuführen, bei denen du springen musst, um dein Gleichgewicht, deine Koordination und deine Kraft zu verbessern.

Capoeira ist eine gelenkschonende Sportart, bei der deine Knochendichte verbessert und dein Osteoporoserisiko verringert werden kann, da deine Knochen nicht übermäßig beansprucht werden.

Das macht es zu einem idealen Training für Menschen mit schwachen Knochen oder geringer Knochendichte.

Mentale Stärke und Klarheit

Capoeira mag wie ein einfaches Training erscheinen, aber die Tatsache, dass es mehrere Bewegungen und Positionen beinhaltet, bedeutet, dass es deinen Fokus, deine mentale Kraft und deine Klarheit verbessern kann. Es stärkt deinen Geist und deinen Körper, da es eine Kombination aus aeroben und anaeroben Aktivitäten beinhaltet, die deinen Geist und deinen Körper trainieren. Es kann helfen, das Gedächtnis und die Problemlösungsfähigkeiten zu verbessern und die Symptome von Depressionen zu verringern. Es hilft auch, deine Problemlösungsfähigkeiten und kognitiven Funktionen zu verbessern. Das hohe Tempo und die Bewegungen, bei denen du schnell denken musst, tragen dazu bei, deine Aufmerksamkeit und Reaktionszeit zu verbessern.

Reduziert Stress und Ängste

Die rasanten Bewegungen im Capoeira machen es zu einem effektiven Training, um Stress und Angst abzubauen. Du musst nicht stundenlang im Fitnessstudio trainieren und kannst es in kurzer Zeit ausführen, was es zu einem idealen Training macht, um Stress und mentale Müdigkeit abzubauen. Der spielerische Charakter von Capoeira gibt dir außerdem die Möglichkeit, Gefühle auszudrücken, die sich in dir aufgestaut haben.

Es hilft dir, beweglicher zu werden

Obwohl viele Menschen denken, dass Capoeira nur ein Workout ist, kann es in Wirklichkeit auch als Selbstverteidigung genutzt werden. Capoeira beinhaltet verschiedene Bewegungen, mit denen du dein Gleichgewicht, deine Beweglichkeit und deine Koordination verbessern kannst. Es ist auch eine gute Möglichkeit, deine Flexibilität und deinen Bewegungsradius zu verbessern, da du dich bei verschiedenen Bewegungen dehnen musst. Es ist ideal für Menschen, die ihre Beweglichkeit verbessern möchten, und eine gute Möglichkeit für Senioren, aktiv zu bleiben.

Bekämpft Fettleibigkeit

Auch wenn es auf den ersten Blick nicht so aussieht, ist Capoeira ein ideales Training, um Fettleibigkeit zu bekämpfen. Indem du verschiedene Bewegungen in dein Trainingsprogramm einbaust, bei denen du dich schnell bewegen musst, ist Capoeira ein echter Kalorienkiller. Außerdem musst du bei verschiedenen Bewegungen deine Atmung kontrollieren, was deine Herzfrequenz erhöht und deine Atemfunktion verbessert. Die Erhöhung deiner Herzfrequenz und die Stärkung deiner Atemfunktion helfen dir enorm, deine Fitness zu verbessern.

Bekämpft Arthritis

Capoeira ist eine großartige Methode, um die Symptome von Arthritis zu bekämpfen. Es beinhaltet verschiedene Bewegungen, die die Mobilität und Flexibilität verbessern. Es kann helfen, die mit Arthritis verbundenen Schmerzen zu lindern und den Knorpelverschleiß zu verhindern. Es wurde auch festgestellt, dass es die Steifheit der Gelenke verringert und die Beweglichkeit der Hüfte verbessert, so dass du dich leichter bewegen kannst. Auch für Menschen, die an Rheuma leiden, ist es von Vorteil, da es die Beweglichkeit der Gelenke verbessert und so die Schmerzen lindert.

Verbessert deine Atemfunktion

Im Capoeira gibt es mehrere Bewegungen, bei denen du deine Atmung kontrollieren und koordinieren musst. Das liegt daran, dass du im Capoeira zwischen schnellen, kraftvollen Bewegungen und solchen, bei denen du kleine Muskeln einsetzen musst, wechseln musst. Dies trägt zur Verbesserung deiner Atemfunktion bei, da du dich auf die richtige Atmung konzentrieren musst und deine Lungenkapazität verbessert wird. Das kann dazu beitragen, Atemwegsprobleme wie Asthma und chronisch obstruktive Lungenerkrankung (COPD) zu verringern. Da es dich dazu anregt, schnell zwischen Bewegungen, die eine kräftige Atmung erfordern, und solchen, die eine langsame, kontrollierte Atmung erfordern, zu wechseln, kann es außerdem dazu beitragen, deine Atemkapazität zu verbessern.

Ankurbelung des Stoffwechsels

Da Capoeira mehrere muskelstraffende Bewegungen und Bewegungen mit hoher Intensität beinhaltet, ist es eine gute Möglichkeit, deinen Stoffwechsel anzukurbeln. Es kann dir helfen, Kalorien und Fett zu verbrennen und deine Muskelmasse zu erhalten. Die hochintensiven Bewegungen im Capoeira sind ideal, um deinen Stoffwechsel anzukurbeln, auch wenn du mit dem Training fertig bist. Das bedeutet, dass Capoeira ein effektiver Weg ist, um Gewicht zu verlieren, da es dir hilft, Kalorien zu verbrennen und Pfunde abzubauen. In Kombination mit einer gesunden Ernährung und einem effektiven Krafttrainingsprogramm ist es außerdem eine gute Möglichkeit, deine Muskeln zu definieren und einen straffen Körper zu bekommen.

Beugt Krankheiten vor

Es ist eine großartige Form der Bewegung, um deinen Kreislauf und deine Atemwege zu verbessern. Außerdem kann es helfen, deine Knochendichte zu verbessern und Krankheiten wie Osteoporose, Arthritis und Diabetes zu verhindern. Regelmäßiges Capoeira-Training hilft dir, deinen Kreislauf aufrechtzuerhalten, und kann dein Risiko für Herzkrankheiten senken. Auch für Menschen, die an Diabetes leiden, ist Capoeira eine gute Sportart, denn es hilft, den Blutzuckerspiegel zu kontrollieren und die Insulinproduktion zu regulieren.

Verbessert deine Laune

Capoeira ist eine großartige Sportart, um deine Stimmung zu verbessern. Wenn du hochintensive Bewegungen in dein Training einbaust, bei denen du dich auf die Kontrolle deiner Atmung konzentrieren musst, erhöht sich deine Herzfrequenz. Da es deine Atemfunktion verbessert, kann es dir auch helfen, dich zu entspannen und den Stresspegel zu senken, der bekanntermaßen depressive Symptome verschlimmern kann. Es kann dir auch helfen, einen tiefen Entspannungszustand zu erreichen, da es die Achtsamkeit fördert, die es dir ermöglicht, dich auf die Gegenwart zu konzentrieren und stressige Gedanken loszulassen.

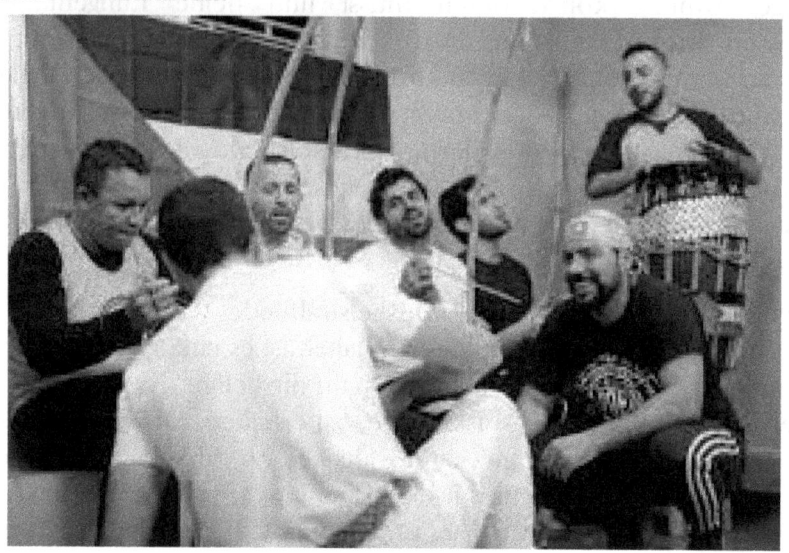

Verbessert dein Gleichgewicht

Capoeira ist eine großartige Methode, um dein Gleichgewicht zu verbessern. Es verlangt von dir, dass du in der Bewegung stabil bleibst, was dir helfen kann, deine Koordination und dein allgemeines Gleichgewicht zu verbessern. Da du mehrere Bewegungen ausführen musst, die dir helfen, schnell zwischen verschiedenen Haltungen zu wechseln, ist Capoeira eine großartige Übung, um deinen Gleichgewichtssinn zu trainieren. Das hat viele Vorteile, von der Erleichterung alltäglicher Aufgaben bis hin zur Vermeidung von Verletzungen wie Stürzen und Knochenbrüchen.

Es hilft dir, dein Idealgewicht zu halten

Im Capoeira musst du schnell zwischen Bewegungen mit hoher Intensität, die die großen Muskelgruppen beanspruchen, und Bewegungen mit niedriger Intensität, die vor allem die kleineren Muskeln ansprechen, wechseln. Du musst während des gesamten Trainings eine hohe Herzfrequenz beibehalten, was bedeutet, dass es eine gute Möglichkeit ist, Fett zu verbrennen, ohne Stunden auf dem

Laufband zu verbringen. Wenn du keinen Zugang zu einem Fitnessstudio hast, kann dir das regelmäßige Üben von Capoeira helfen, dein Idealgewicht zu halten und deine Muskeln zu stärken.

Verbessert deine Leistung in anderen Sportarten

Capoeira ist eine gute Möglichkeit, deine Leistung in anderen Sportarten zu verbessern, denn es hilft dir, deine Beweglichkeit, dein Gleichgewicht und deine Koordination zu verbessern. Capoeira ist auch eine großartige Trainingsform, um deine aerobe Fitness zu verbessern, da du hochintensive Bewegungen in dein Training einbauen musst. Das macht es zu einer großartigen Möglichkeit, deine Ausdauer, Koordination und mentale Konzentration zu verbessern - alles wichtige Voraussetzungen, um in jeder Sportart erfolgreich zu sein.

Beugt Verletzungen vor

Capoeira ist ein großartiges Training, um Verletzungen vorzubeugen, da es verschiedene Bewegungen beinhaltet, die die Flexibilität und Mobilität verbessern. Außerdem ist Capoeira eine sanfte Sportart, die deinen Körper nicht übermäßig belastet, so dass fast jeder sie sicher ausüben kann. Außerdem verbessert es dein Gleichgewicht und deine Koordination, was Stürzen vorbeugt, die zu Verletzungen führen können.

Vergrößert deinen Bewegungsradius

Im Capoeira musst du zwischen Bewegungen mit hoher Intensität, die die großen Muskelgruppen beanspruchen, und Bewegungen mit niedriger Intensität, die vor allem deine kleineren Muskeln ansprechen, wechseln. Capoeira ist eine großartige Übung, um deinen Bewegungsradius zu verbessern. Es ist auch für Menschen mit Verletzungen von Vorteil, da es die Muskeln in deinen Armen und Beinen stärkt, was deine Genesung beschleunigen kann. Regelmäßiges Üben von Capoeira kann also dazu beitragen, deinen Bewegungsspielraum zu verbessern und Verletzungen vorzubeugen, die durch einen eingeschränkten Bewegungsspielraum entstehen.

Verbessert deine Haltung

Capoeira ist eine großartige Sportart, um deine Haltung zu verbessern, da du verschiedene Bewegungen ausführen musst, die dein Gleichgewicht und deine Koordination verbessern. So kannst du alltägliche Aufgaben mit Leichtigkeit erledigen und Rückenschmerzen und anderen Problemen vorbeugen, die auf eine schlechte Haltung zurückzuführen sind. Wenn du regelmäßig übst, verbessert sich deine

Atmung, so dass du die richtige Haltung beibehalten kannst, ohne deinen Körper zu belasten.

Wenn du eine Sportart betreiben willst, die dein allgemeines Wohlbefinden verbessert, solltest du Capoeira in Betracht ziehen. Capoeira ist eine einzigartige Sportart, die verschiedene Bewegungen beinhaltet, bei denen du schnell zwischen verschiedenen Stellungen wechseln musst. Das macht Capoeira zu einem großartigen Ausdauertraining, bei dem die Herzfrequenz während des gesamten Workouts erhöht bleibt. Außerdem kann Capoeira dein Gleichgewicht und deine Koordination verbessern, so dass du alltägliche Aufgaben leichter bewältigen kannst und Verletzungen, die durch mangelndes Gleichgewicht und mangelnde Koordination entstehen, vermieden werden. Capoeira ist auch für Menschen mit Verletzungen von Vorteil, da es die Muskeln in deinen Armen und Beinen stärkt und so die Genesung beschleunigt.

Kapitel 11: Das Capoeira-Workout

Capoeira hat viele verschiedene Komponenten. Es ist mehr als nur eine gewaltfreie Sportart, sondern erfordert auch ein hohes Maß an Kontrolle und Kraft. Jede Form von Capoeira besteht aus mehreren Bewegungen, die jeweils einen bestimmten Rhythmus haben. Die Musik ist essentiell für das Spiel, da sie den Rhythmus und den Stil bestimmt. Ein häufiges Missverständnis über die Akrobatik im Capoeira ist, dass es sich dabei um reine Gymnastik oder Breakdance-Bewegungen handelt, aber das ist nicht der Fall. Die Bewegungen und Kampftechniken im Capoeira sind Kampfsportbewegungen, aber viele Bewegungen erfordern große Kraft und Stärke, um effektiv ausgeführt zu werden.

Um dir dabei zu helfen, dich auf deine Capoeira-Reise zu begeben, findest du in diesem Kapitel einige grundlegende Capoeira-Übungen und Workouts, die du in deine tägliche Routine einbauen kannst. So kannst du, auch wenn du nicht jede Woche zum Unterricht gehst, deine Fähigkeiten trainieren und aufrechterhalten und die verschiedenen Bewegungen mit Leichtigkeit ausführen.

Die Vorbereitungen

Um Capoeira zu üben, brauchst du keine besondere Ausrüstung. Alles, was du brauchst, ist eine ebene Fläche und genug Platz, um dich frei bewegen zu können. Dabei spielt es keine Rolle, ob es sich um Gras, Beton oder einen Holzboden handelt. Solange die Oberfläche nicht zu glatt ist, wie z.B. Fliesen, sollte alles in Ordnung sein. Wenn du einen harten Boden hast und den Aufprall deiner Stürze verringern willst, lege etwas Weiches wie eine Matte oder ein Kissen unter.

Du solltest bequeme Kleidung tragen, wenn du Capoeira trainierst. Es ist gut, lockere, luftige Kleidung zu tragen, in der du dich frei bewegen kannst, ohne dass dir zu heiß wird. Es ist sehr wichtig, dass du nicht zu weite Kleidung trägst, denn manche Bewegungen können ziemlich akrobatisch sein, und du solltest vermeiden, dich in deiner Kleidung zu verfangen. Außerdem kann weite Kleidung ziemlich unbequem sein, wenn du kopfüber hängst.

Als Erstes solltest du darauf achten, dass deine Schuhe für Capoeira geeignet sind. Sie sollten bequem sein und es dir ermöglichen, dich leicht zu bewegen. Turnschuhe oder Laufschuhe sind dafür am besten geeignet, da ihre Sohlen einen guten Halt bieten, was für sichere Sprünge und Landungen nützlich ist, während du dich trotzdem leicht bewegen kannst. Du solltest es vermeiden, beim Capoeira-Training hohe Absätze oder Flip-Flops zu tragen.

Aufwärmen

Bevor du mit dem Üben anfängst, ist es wichtig, dass du dich aufwärmst. Das lockert deine Muskeln und bringt dein Blut in Wallung. Dehne dich, um dich leichter bewegen zu können und um Muskelzerrungen zu vermeiden. Das Aufwärmen sollte in der Regel 10 bis 15 Minuten dauern. Die folgenden Übungen sind gut für deine Beine, Hüften und Schultern:

Hampelmänner

Springe mit beiden Füßen in die Luft und klatsche dabei mit den Händen über deinem Kopf. Springe dann auf beide Füße und klatsche seitlich neben deine Hüfte. Das ist eine vollständige Ausführung. Wiederhole sie 20 Mal und mache dann eine kurze Pause (15 Sekunden).

Einbeinige Kniebeugen

Stell dich auf dein rechtes Bein und winkle dein linkes Bein hinter dir nach oben, wobei das Knie nach vorne zeigt. Halte deine Hüfte gerade und beuge das rechte Bein, bis dein rechter Oberschenkel parallel zum Boden ist. Platziere deine Hände auf der Unterseite deines rechten Oberschenkels und schiebe dich nach oben, bis du wieder aufrecht stehst. Das ist eine vollständige Ausführung. Wiederhole die Übung 10 Mal und mache dann eine kurze Pause (15 Sekunden).

Führe die Übung erneut durch, indem du dich auf dein linkes Bein stellst.

Ausfallschritte

Mache mit deinem linken Fuß drei Schritte nach vorne. Deine Füße sollten etwa 1 Meter voneinander entfernt sein. Halte dein rechtes Knie nach oben gerichtet und beuge es so, dass es parallel zum Boden ist. Dein linkes Knie sollte jetzt fast den Boden berühren. Drücke dich mit deinem rechten Bein nach oben, bis du wieder gerade stehst. Das ist eine vollständige Ausführung. Wiederhole die Übung 10 Mal und mache dann eine kurze Pause (15 Sekunden).

Wiederhole die Übung, aber benutze diesmal dein rechtes Bein.

Stuhlpose

Stelle dich gerade hin und stelle deine Füße hüftbreit auseinander. Beuge eines deiner Knie und hebe das andere Bein zur Seite und halte es gerade. Halte die Position etwa drei Sekunden lang und setze dann deinen Fuß wieder auf den Boden. Das ist eine Ausführung. Wiederhole die Übung 10 Mal und mache dann eine kurze Pause (15 Sekunden).

Wiederhole die Übung, aber dieses Mal mit dem anderen Bein.

Nachdem du dich aufgewärmt hast, kannst du jetzt mit dem Üben beginnen.

Capoeira-Bewegungen und -Techniken

Um im Capoeira gut zu sein, musst du mehrere verschiedene Tritte beherrschen. Sie sind alle unterschiedlich und dienen bestimmten Zwecken. Es gibt auch verschiedene Rollen, Radschläge, Klimmzüge und Kopfstände, die du lernen musst, um weiterzukommen. Das Erste, was du lernen solltest, ist eine Reihe von Grundbewegungen. Sie sind einfach auszuführen und geben dir die Möglichkeit, dich an den Fluss des Spiels zu gewöhnen.

Sweep

Mit dieser Bewegung fängst du das Bein deines Gegners. Du musst deinen rechten Fuß vor dem linken Knie deines Gegners platzieren, während er versucht, dich zu treten. Gleichzeitig greifst du ihn mit der linken Hand hinten an der Hüfte und hebst ihn hoch, damit er das Gleichgewicht verliert.

Salto

Diese Bewegung ist schwieriger auszuführen, aber sehr effektiv, wenn du die Bewegungen beherrschst. Stelle zunächst deinen linken Fuß nach hinten und winkle dein rechtes Bein vor dir an. Dein linker Fuß sollte sich unter deinem rechten Knie und hinter deinem rechten Knöchel befinden. Jetzt greifst du mit deiner rechten Hand deine linken Zehen und hebst dein Bein an. Dadurch machst du einen Rückwärtssalto und landest auf deinen Händen. Nutze nun den Schwung, um wieder aufzustehen, während dein rechtes Bein in der Luft ist.

Radschlagen

Für diese Bewegung musst du mit den Beinen hüftbreit auseinander stehen. Beuge dein linkes Bein und halte es mit den Händen ein paar Zentimeter vom Boden entfernt, aber parallel zum Boden. Drücke dich nun in einen Rückwärtssalto, bis du gerade stehst und deine Arme parallel zum Boden sind. Auch hier nutzt du den Schwung deines Rückwärtssaltos.

Kopfstand

Es ist relativ einfach zu lernen, wie man einen Kopfstand macht. Du musst deine Hände vor dir auf den Boden legen und dich dann in einen Kopfstand hochdrücken.

Liegestütze

Um einen Liegestütz zu machen, musst du dich nur auf deine Hände und Zehen stützen und in Position gehen. Nun senkst du dich ab, bis deine Brust fast den Boden berührt, und drückst dich dann mit den Armen wieder nach oben. Denke daran, auszuatmen, wenn du dich hochdrückst, und deinen Rücken gerade zu halten.

Flugzeug

Diese Bewegung ist relativ einfach zu erlernen. Nimm eine Liegestützposition ein, aber stütze dich bei dieser Bewegung auf deine angewinkelten Arme. Hebe nun ein Bein nach dem anderen an, bis es parallel zum Boden ist, und stelle es dann wieder auf den Boden. Dein Gewicht sollte auf deinen Armen und deinen Schultern liegen, nicht auf deinen Füßen.

Rollen

Eine Rolle ist eine wichtige Bewegung, die du lernen musst, wenn du nicht überrumpelt werden willst. Um eine Rolle zu machen, musst du sicherstellen, dass deine Füße schulterbreit auseinander stehen und deine Beine leicht gebeugt sind. Jetzt beugst du deine Knie ein wenig und lehnst dich nach vorne. Nun drückst du dich nach oben, bis du auf deinen Händen balancierst, so dass deine Beine über dir sind und dein Rücken zum Boden zeigt. Aus dieser Position heraus drückst du dich wieder nach oben und verlagerst das Gleichgewicht auf deine Füße statt auf deine Hände. Dein Kopf sollte sich zwischen deinen Armen befinden. Jetzt musst du dich nur noch zurücklehnen, um wieder auf deinen Händen zu landen. Wiederhole diese Bewegung, bis du die andere Seite erreicht hast.

Kicks

Es gibt vier grundlegende Kicks im Capoeira: den Front Kick, den Side Kick, den Back Kick und den Axe Kick.

- **Front Kick** - Der Front Kick ist einer der grundlegendsten Kicks im Capoeira und dient vor allem dazu, die Geschwindigkeit zu trainieren. Um diese Bewegung auszuführen, stellst du dich in eine Kampfposition und hebst dein Knie vor dir an, so dass es in einem Winkel von etwa 90 Grad angewinkelt ist. Nun streckst du es mit deinen Oberschenkelmuskeln, nicht mit deinem Rücken.

- **Side Kick** - Dies ist einer der nützlichsten Kicks, die du im Capoeira lernen wirst. Um diese Bewegung auszuführen, stellst du deinen rechten Fuß hinter dich und beugst dein Bein, bis dein Knie einen Winkel von fast 90 Grad bildet. Jetzt streckst du dein Bein aus, so dass es senkrecht zum Boden steht. Dein Gewicht sollte auf deinem rechten Fuß liegen. Du kannst es anpassen, indem du dich nach vorne lehnst.

- **Back Kick** - Dieser Tritt ist etwas komplizierter als die anderen beiden, weil er eine große Bewegung der Hüfte erfordert, damit du genug Schwung für den Tritt gegen deinen Gegner bekommst. Für diese Bewegung musst du aufrecht stehen und deinen Oberkörper ein wenig nach vorne beugen. Jetzt drehst du deinen Körper nach rechts und winkelst dein linkes Bein hinter dir an. Hebe dein Bein an, bis es parallel zum Boden ist, und richte es dann mit Hilfe deiner Oberschenkelmuskeln auf. Dein Bein sollte in einem Winkel von etwa 45 Grad vom Boden weg zeigen; dein Gewicht sollte auf dem rechten Fuß liegen.

- Der **Axe Kick** ist dem Back Kick sehr ähnlich, aber er erfordert nicht so viel Kniebewegung, weil dein Bein zu Beginn gebeugt ist. Der Schlüssel zu dieser Bewegung ist die Bewegung der Hüfte und ihre Effektivität. Stell dich gerade hin und drehe dein linkes Bein nach rechts, um diese Bewegung auszuführen. Nun beugst du es hinter dir und hebst dein Bein an, bis es parallel zum Boden ist. Richte es wieder auf, indem du deine Oberschenkelmuskeln anspannst und die Zehen leicht anhebst. Dein Gewicht sollte auf dem rechten Fuß lasten, aber du kannst es anpassen, indem du dich nach vorne lehnst.

Fortgeschrittene Capoeira-Übungen

Wenn du dein Capoeira-Training ein bisschen anspruchsvoller gestalten willst, solltest du einige dieser fortgeschrittenen Übungen ausprobieren.

Seitenkick mit einer Drehung

Diese Bewegung ist sehr effektiv, wenn du deine Hüften und Oberschenkel stärken willst, aber sie ist auch sehr anstrengend. Dazu stellst du dich gerade hin, stellst den linken Fuß hinter dich und beugst dein Bein bis zu einem Winkel von etwa 90 Grad. Hebe nun dein linkes Bein so an, dass es parallel zum Boden verläuft und drehe es im Uhrzeigersinn. Nun beugst du dein Knie erneut und stellst deinen Fuß wieder in die ursprüngliche Position.

A-Frame

Diese Bewegung eignet sich hervorragend, um deine Rumpfkraft zu entwickeln und dein Gleichgewicht zu verbessern. Stell dich dazu aufrecht hin und hebe deine Arme so, dass sie parallel zum Boden sind. Sie sollten etwa schulterbreit auseinander sein, aber du kannst das bei Bedarf anpassen. Nun winkelst du dein linkes Bein an und stellst es hinter dich, so dass es einen Winkel von etwa 100 Grad zum Boden bildet. Halte diese Position so lange wie möglich.

Side-to-Side Punch

Diese Übung eignet sich hervorragend, um deine Schnelligkeit und Kraft zu steigern, aber du musst wissen, wie du die grundlegenden Schläge und Tritte ausführst, bevor du sie versuchst. Um diese Bewegung auszuführen, rennst du einfach nach vorne und schlägst auf deinen Gegner ein, wie du es in einem normalen Capoeira-Kampf tun würdest. Sobald du geschlagen hast, drehst du dich schnell nach rechts und machst das Gleiche noch einmal. Wiederhole das so lange, bis du die andere Seite erreicht hast.

Sprung nach hinten

Diese Bewegung ist dem Rückwärtskick sehr ähnlich, allerdings hüpfst du dabei, um etwas mehr Schwung zu bekommen. Diese Bewegung würdest du machen, wenn dein Gegner auf dich zustürmt. Stell dich gerade hin und bewege dein linkes Bein nach rechts. Nun winkelst du es hinter dir an und hebst dein Bein an, bis es parallel zum Boden steht. Richte es auf, indem du deine Oberschenkelmuskeln anspannst und die Zehen leicht anhebst. Drücke dich jetzt mit der Kraft in deinem Bein zurück, bis du wieder gerade stehst.

Seitwärtshüpfen

Dies ist eine tolle Bewegung, wenn du etwas Fortgeschritteneres ausprobieren möchtest. Stelle dich gerade hin und nimm dein linkes Bein auf die rechte Seite. Nun beugst du es hinter dir und hebst dein Bein an, bis parallel zum Boden steht. Richte es auf, indem du deine Oberschenkelmuskeln anspannst und die Zehen leicht anhebst. Lehne dich aus dieser Position nach links und drücke dich zurück, um wieder gerade zu stehen.

Switch Footed Hop

Diese Bewegung sieht komplizierter aus, als sie tatsächlich ist. Stell dich gerade hin und bewege dein linkes Bein nach rechts, aber achte darauf, dass es sich leicht vor deinem rechten Bein befindet. Nun beugst du dein rechtes Bein und hebst es an, bis es parallel zum Boden steht. Richte es auf, indem du deine Oberschenkelmuskeln anspannst und die Zehen leicht anhebst. Drücke dich jetzt mit der Kraft deines linken Beins zurück, bis du wieder gerade stehst. Zum Abschluss dieser Bewegung wechselst du die Füße, so dass dein rechtes Bein vorne ist, und wiederholst die Schritte eine ganze Minute lang.

Caterpillar Jump

Diese Bewegung ähnelt dem Switch-Foot Hop, ist aber eher eine Ausdauerübung und weniger ein Capoeira-Kick. Du kannst diese Übung zum Aufwärmen oder Abkühlen verwenden. Stell dich gerade hin und bewege dein linkes Bein nach rechts, aber achte darauf, dass es etwas vor deinem anderen Bein steht. Nun beugst du dein rechtes Bein und hebst es an, bis es parallel zum Boden steht. Drücke dich jetzt mit der Kraft deines linken Beins zurück, bis du wieder gerade stehst. Zum Abschluss dieser Bewegung wechselst du die Füße, so dass dein rechtes Bein vorne ist, und wiederholst die Schritte eine ganze Minute lang.

Back Hop mit Punch

Beginne diese Bewegung auf die gleiche Weise wie den Sprung nach hinten, aber wenn du dich nach rechts zurücklehnst und nach oben drückst, schlägst du nach deinem Gegner. Bei dieser Bewegung kommt es vor allem auf das Timing an, also achte darauf, dass du die ersten beiden Schritte beherrschst, bevor du es versuchst. Denke daran, den Schwung aus dem Zurückspringen zu nutzen, um diese Bewegung zu unterstützen.

Du solltest Folgendes anstreben:

- Ein sicheres und kontrolliertes Rad.
- Handstand ohne Unterstützung.
- 10 Meter Walkover vorwärts und rückwärts.
- 15 Meter Kopfstand-Walkover.
- 10 bis 15 aufeinanderfolgende Liegestütze.
- 30 Sekunden nonstop vom Boden hochkicken, dann ein Sprung zurück auf die Füße.
- 10 Liegestütze hintereinander nur mit den Füßen, dann ein Sprung zurück auf die Füße.
- 15 bis 20 aufeinanderfolgende seitliche Beinhebeübungen, dann ein Sprung zurück auf die Füße.
- 10 Kopfstände hintereinander, dann ein Sprung zurück auf die Füße.

Das sind bei weitem nicht alle Übungen, mit denen du dich fit halten kannst, aber es ist eine gute Möglichkeit, deine Muskeln an das zu gewöhnen, was im Capoeira stattfindet. Es ist wichtig, dass du dich dehnst und aufwärmst, bevor du eine dieser Übungen ausführst. Wenn du sie mit jemandem zusammen ausführst, solltet ihr darauf achten, dass ihr genügend Abstand zueinander habt. Dieses Kapitel soll dir einen Überblick über Capoeira verschaffen und dir einen Einblick geben, was Capoeira beinhaltet. Die Bewegungen und Techniken sehen vielleicht kompliziert aus, aber das sind sie nicht. Wenn du dieses Workout jeden Tag machst und hart trainierst, werden sich deine Fähigkeiten schon nach wenigen Monaten deutlich verbessern und du wirst einen großen Unterschied sehen. Denke daran, dass es bei Capoeira darum geht, im

Team zu arbeiten, und dass regelmäßiges Training der einzige Weg ist, um besser zu werden.

Kapitel 12: Verbessere deine Fähigkeiten

Es ist nie lustig, auf den Boden zu knallen, aber es kann noch schlimmer sein, wenn du merkst, dass du nur einen Zentimeter davon entfernt warst, die Person zu erwischen, die versucht hat, dir die Beine wegzuziehen. Vielleicht willst du auch wissen, wann es in Ordnung ist, eine Reihe von Schlägen auf jemanden loszulassen oder wie du dich richtig drehen kannst.

Capoeira ist berühmt für seine Geschmeidigkeit und Ausdruckskraft. Es gibt keine festen Grenzen, aber hier sind einige Tipps, die dir helfen werden, dein Spiel zu verbessern:

1. Verbessere deine Beweglichkeit

Im Moment mag es sich so anfühlen, als sei deine Wirbelsäule ein Betonpfeiler. Aber wenn du jeden Tag ein paar Dehnübungen machst, wirst du merken, wie sich deine Beweglichkeit verbessert. Du wirst erstaunt sein, wie viel besser du dich bewegen kannst und wie gut du Bewegungen ausführen kannst.

Dehnen allein reicht aber nicht aus, du musst auch deine Muskeln stärken, um Widerstandsfähigkeit und Ausdauer zu entwickeln. Wenn du zu oft trainierst, ohne dich ausreichend zu erholen, werden deine Muskeln reißen und es wird dir nicht mehr möglich sein, lange zu trainieren. Wenn deine Muskeln zu stark werden, werden sie nicht mehr so flexibel sein. Du solltest ein Gleichgewicht zwischen Kraft und Flexibilität finden.

2. Arbeite daran, deine Bewegungen zu verbessern

Jede Bewegung im Capoeira sollte schnell und geschmeidig ausgeführt werden. Du solltest deine Finger, Hände, Füße und Zehen immer geschickter einsetzen. Wenn du Schwierigkeiten hast, eine bestimmte Bewegung auszuführen, versuche, sie zu verlangsamen und zu spüren, wie sich dein Körper in diesem Moment bewegt. Beschleunige sie dann allmählich, um diese Bewegung zu perfektionieren.

Wenn du mit einer bestimmten Bewegung Schwierigkeiten hast, frage deinen Lehrer oder jemanden mit mehr Erfahrung. Sie können dir zeigen, auf welche Muskeln du dich konzentrieren solltest und dir sogar helfen, deinen Körper anzupassen.

3. Übe die grundlegenden Bewegungen jeden Tag

Am Anfang wird es sich anfühlen, als würdest du noch einmal ganz von vorne krabbeln lernen. Wahrscheinlich wirst du aufgeben wollen, bevor du überhaupt angefangen hast. Tappe nicht in diese Falle. Mach weiter und erinnere dich daran, warum du überhaupt angefangen hast.

Du solltest am besten mit den drei grundlegenden Bewegungen Sacadas, *Ginga* und Batuque beginnen. Sie geben dir eine solide Basis, auf der du später aufbauen kannst. Wenn du diese grundlegenden Bewegungen beherrschst, wird es viel einfacher sein, fortgeschrittenere Techniken wie das Berimbau Echo, Queixada und *Aú* zu lernen. Wenn du mit einer bestimmten Bewegung Schwierigkeiten hast, versuche, sie auf die halbe Geschwindigkeit zu reduzieren. So kannst du jeden Muskel spüren und sehen, wo du Fehler machst.

4. Beobachte Capoeiristas, zu denen du aufschaust

Das kann eine großartige Möglichkeit sein, sich inspirieren zu lassen. Du kannst Bewegungen sehen, die du in dein eigenes Spiel einbauen kannst, und dir gute Tipps von erfahreneren Spielern abgucken. Versuche, sie nicht einfach zu imitieren. Finde stattdessen heraus, was ihre Bewegungen einzigartig macht, und füge es zu dem hinzu, was du bereits geübt hast.

5. Übe deine neuen Bewegungen mit einem Partner

Der wahre Schlüssel zu Timing und Koordination ist das Spielen mit einem Partner. Wenn du als Anfängerin oder Anfänger mit diesem Schritt Schwierigkeiten hast, versuche, neben einer erfahreneren Person zu üben. Oder noch besser: Finde jemanden, der bereit ist, dir ein wenig Zeit zu schenken.

Wenn du über die Anfängerbewegungen hinausgehst, wirst du merken, dass du sie von Zeit zu Zeit wiederholen und üben musst. Versuche, dich nicht entmutigen zu lassen. Vielleicht freust du dich sogar darauf, eine Grundbewegung noch einmal zu üben, weil es sich so gut anfühlt, wenn du sie zum zweiten Mal beherrschst.

6. Hab keine Angst, um Hilfe zu bitten

Denke daran, dass Capoeira ein Gemeinschaftssport ist. Wir sind alle hier, um uns gegenseitig zu helfen. Wenn du mit etwas nicht zurechtkommst, frag einfach einen deiner Freunde nach einem Tipp. Sie wissen die Antwort vielleicht nicht sofort, also sei nicht sauer, wenn sie deine Probleme nicht in fünf Minuten lösen können. Je mehr du mit verschiedenen Leuten spielst, desto mehr lernst du verschiedene Bewegungen und Techniken kennen. Vielleicht entdeckst du sogar neue Techniken, von denen du gar nicht wusstest, dass es sie gibt.

7. Arbeite weiter an deiner Ausdauer

Capoeira ist eine aerobe Sportart. Es ist sehr wichtig, dass du mit der Zeit durch regelmäßige körperliche Aktivität deine Ausdauer trainierst. Das bedeutet nicht, dass du lange Strecken laufen oder Gewichte heben musst. Du kannst deine Ausdauer mit vielen Sprüngen, Tritten, Schlägen und Tanzbewegungen trainieren.

8. Übe weiter und gib nicht auf

Auch wenn du denkst, dass du eine Bewegung oder Technik beherrschst, solltest du sie noch einen Monat lang jeden Tag üben, um sicherzugehen. Dann warte weitere zwei Wochen, bevor du dich erneut testest, um sicherzugehen, dass die Technik wirklich in deinem Muskelgedächtnis verankert ist.

9. Begeistere dich für Capoeira

Vergiss nicht, dass du dich für diesen Sport entschieden hast, weil es etwas gab, das dich dazu gebracht hat, mehr darüber erfahren zu wollen. Wenn du dich beim Lernen entmutigt fühlst, versuche einen Schritt zurückzutreten und dich daran zu erinnern, warum du überhaupt angefangen hast. Erinnere dich an dein ursprüngliches Gefühl der Begeisterung und Motivation, wenn du das Gefühl hast, aufzugeben. Das wird dich motivieren, weiter nach neuen Bewegungen und Techniken zu suchen.

10. Versuche, ein Vorbild zu finden

Vielleicht gibt es einen Capoeirista, den du bewunderst. Vielleicht ist es dein Mestre oder jemand aus einer Gruppe, mit der du regelmäßig trainierst. Vielleicht können sie dir Tipps geben, wie du deine Bewegungen verbessern und flüssiger machen kannst. Und wenn du ihnen zeigst, was du geübt hast, können sie dir wahrscheinlich auch zeigen, wie man es verbessern kann.

11. Denke daran, dass es immer neue Bewegungen zu lernen gibt

Auch wenn du jahrelang geübt hast, wirst du immer wieder neue Bewegungen entdecken. Mach es dir nicht zu bequem mit deinem aktuellen Set. Bleib aufgeschlossen und halte Ausschau nach neuen Übungen, um dein Können zu verbessern.

12. Übe kontinuierlich

Da Capoeira ein fließender, improvisierter Kampfkunststil ist, ist es sehr wichtig, dass du improvisieren kannst und das, was du bereits weißt, in einem echten Kampf oder einer Konfrontation anwenden kannst. Dazu musst du alle deine Bewegungen und Techniken so lange üben, bis sie dir in Fleisch und Blut übergegangen sind.

13. Übe weiter deinen Rhythmus

Je mehr du diese Bewegungen übst, desto besser fließen sie zusammen, wenn du in einem Spiel oder *Jogo* (Kampf) bist. Du kannst alleine oder mit einer anderen Person üben. Wenn möglich, versuche, alle vier Gliedmaßen in die Rhythmen einzubeziehen, die du übst.

14. Übe weiter deine Angolas

Eine Angola ist eine Rolle, die im Rahmen von Capoeira Angola vorkommt, einem älteren Spielstil mit mehr traditionellen Wurzeln als viele moderne Spielstile. Manche Leute mögen sagen, dass diese Rollen veraltet sind, aber in einigen Gruppen sind sie auch heute noch sehr lebendig. Unabhängig vom Stil deiner Gruppe gilt: Je mehr Angolas du kennst, desto größer ist deine Chance, ein echter Capoeirista zu sein.

15. Übe weiter deine Hiebe (Golpes)

Hiebe sind Bewegungen, die im Spiel oder *Jogo* vorkommen und nicht in die anderen Kategorien wie Baloes, Sambas und Angolas passen. Diese Bewegungen sind sehr wichtig, denn sie können sowohl das Spiel von dir als auch von deinem Gegner beeinflussen. Außerdem sehen sie oft sehr beeindruckend aus, wenn sie gut ausgeführt werden.

16. Übe weiter deine Sit-Ups (Agachadas)

Capoeira Angola ist eine Kunstform, die ihre Wurzeln fest in der afrikanischen Tradition und in vielen anderen Kulturen der Welt hat. Das macht sie auch so interessant. Zu diesen Traditionen gehört auch eine Art von Tanz, der *Agogô* genannt wird. Du kannst deine *Agogôs* auf viele Arten üben, aber eine Möglichkeit ist, sie in dein Training einzubauen, indem du Sit-ups machst, während du Gewichte hältst.

17. Übe weiter deine Rollen

Wenn du noch nicht weißt, wie man rollt, solltest du so bald wie möglich damit anfangen, denn diese Fähigkeit wird dir bei vielen Gelegenheiten nützlich sein. Egal, ob du dich auf dem Boden abrollst oder versuchst, wieder auf die Beine zu kommen, wenn du von einem Gegner zu Boden gedrückt wirst, eine dieser gut geübten Rollen kann dein Leben oder zumindest deinen Stolz retten.

18. Übe weiter das Radschlagen (Rolês)

Capoeiristas sind im Grunde ihres Herzens Künstler, und eines der schönsten Dinge, die man sehen kann, ist ein gut geübtes Rad. Es ist auch sehr beeindruckend, wenn du jemanden siehst, der diese Bewegung in seiner Alltagskleidung meistert. Gut geübte Radschläge können in einem Kampf einen großen Unterschied machen.

19. Übe weiter deine Rückbeugen (Queixadas)

Obwohl die Bewegungen im Capoeira oft als sehr akrobatisch angesehen werden, wird das Rückwärtsbeugen in vielen modernen Gruppen wegen der Verletzungsgefahr nicht gefördert. Einige Capoeira-Gruppen integrieren sie aber trotzdem in ihren Stil, und es lohnt sich, sie zu lernen, wenn deine Gruppe sie unterstützt.

20. Übe weiter deine Frontbeugen (Quebradas)

Dies ist eine weitere akrobatische Bewegung, die in die Kategorie fortgeschrittenes Niveau fällt. Nicht alle Capoeira Angola Gruppen üben Frontbeugen, aber einige schon. Frontbeugen sind mit mehr Risiken verbunden als Rückbeugen. Deshalb ist es wichtig, vorsichtig zu sein und so zu üben, dass das Verletzungsrisiko verringert wird.

Dehnübungen für Capoeira

1. Wadendehnung

Diese Dehnung ist sehr wichtig, weil sie die Grundlage für viele andere Dehnungen ist. Stelle dich für diese Dehnung mit ausgestreckten

Händen in Brusthöhe vor eine Wand. Stelle ein Bein vor das andere und trete so weit zurück, dass deine Ferse den Boden berührt. Achte darauf, dass du dich nach vorne lehnst und das Knie deines vorderen Beins gebeugt lässt. Drücke gegen deine Hände und lehne dich zur Wand, bis du eine Dehnung in deinen Wadenmuskeln spürst.

2. Quadrizeps-Dehnung

Stelle dich mit einem Stuhl an deine linke Seite. Stelle einen Fuß auf die Sitzfläche des Stuhls und halte ihn während der gesamten Dehnung dort. Halte dein anderes Bein gerade und drücke deine Hüfte nach vorne und unten in Richtung Boden. Du solltest eine Dehnung in deinen rechten Oberschenkelmuskeln spüren, nachdem du das eine Zeit lang gemacht hast. Achte darauf, dass du es nicht übertreibst!

3. Hürdenläufer-Stretch

Bevor du diese Dehnung ausführst, solltest du dich aufgewärmt haben, entweder durch Gehen oder Laufen. Setze dich auf den Boden und bringe die Sohle eines Fußes vor dir in Richtung Leiste. Lehne dich nach vorne und setze den Fuß auf den Boden, während du das andere Bein gerade und gestreckt hinter dir hältst. Nachdem du das eine Weile gemacht hast, solltest du eine Dehnung in der Leistengegend spüren.

4. Dehnung des unteren Rückens

Lege dich auf den Rücken, wobei beide Beine nach oben zeigen. Ziehe beide Knie nach oben und halte sie mit den Händen fest. Ziehe beide Beine nach oben zur Brust, während du deinen Kopf auf dem Boden lässt. Du solltest jetzt eine Dehnung in deinem unteren Rücken spüren. Bleibe eine Weile in dieser Position, damit sich die Muskeln entspannen können, bevor du die Knie loslässt und deine Füße sanft auf den Boden senkst (sei vorsichtig).

Damit deine Drehungen gut aussehen

1. Arbeite an deiner Beinarbeit

Hier geht es darum, deinen Schwerpunkt zu finden und die richtigen Muskeln einzusetzen, um ein schönes Rad zu drehen. Achte darauf, dass du deine Beine während des Rades so viel wie möglich einsetzt und dass du darauf achtest, wohin du gehst, damit du nach dem Rad nicht gegen etwas stößt. Denke daran: Übung macht den Meister.

2. Arbeite an deiner Hüfte

Die Bewegung der Hüfte sorgt für mehr Schwung beim Radschlagen, weshalb du dich auf diesen Aspekt der Bewegung konzentrieren solltest. Achte darauf, dass du dich so wenig wie möglich mit deinen Armen vom Boden abstößt. Arbeite mehr daran, deine Hüfte zu benutzen, damit du schnell mehr Geschwindigkeit bekommst.

3. Arbeite an deiner Rumpfrotation

Dies ist ein wichtiger Teil des Radschlags, denn du kannst nicht einfach in den Radschlag springen. Du musst zuerst eine Rumpfdrehung machen, um Schwung zu bekommen, bevor du aufstehst und deine Beine über den Kopf wirfst. Übe diese Bewegung mit Gewichten an den Knöcheln, damit du einen gewissen Widerstand hast.

Capoeira-Übungen zum Verbessern der Fertigkeiten

1. Fallen

Bei dieser Übung geht es darum, deine Koordination zu verbessern. Stell dich zunächst mit einem Fuß vor dich, um das Gleichgewicht zu halten, und verschränke deine Arme vor dir. Lehne dich leicht nach vorne und drehe deine Hüfte nach links, so dass du in einer kontrollierten Rolle auf den Rücken auf den Boden fällst. Wiederhole die Übung dann auf der anderen Seite. Achte darauf, dass du deinen Körper nicht drehst und deine Arme nicht loslässt.

2. Rollen

Beginne mit der gleichen Übung wie bei Nummer 1, aber wenn du auf den Rücken fällst, rollst du dich zur Seite und stehst schnell wieder auf. Wiederhole dies auf der anderen Seite.

3. Auffangen

Diese Übung ist ähnlich wie die vorherige, nur dass du einen Ball fangen musst, nachdem du gefallen bist. Pass auf, dass du ihn nicht fallen lässt! Wiederhole diese Übung etwa 10 Minuten lang und werde dabei immer schneller, damit du deine Koordination verbessern kannst.

4. Fangen mit Beinarbeit

Wirf den Ball leicht nach oben, nachdem du deine Arme für diese Übung verschränkt hast. Nachdem du ihn gefangen hast, schwingst du die Beine auf dem Boden und wiederholst die Übung auf der anderen

Seite. Denke daran, dass du nur deine Beine benutzen darfst.

5. Radschlagen mit Gewichten (einbeinig)

Stell dich zunächst auf ein Bein und verschränke die Arme vor dir. Lehne dich leicht zur Seite und beuge dich nach unten, indem du dich von deinem hinteren Bein abstützt und deinen Oberkörper nach vorne drehst, während du dich wieder hochdrückst. Wiederhole dies etwa 5 Mal auf jeder Seite, um die besten Ergebnisse zu erzielen.

Teamübungen zur Verbesserung der Capoeira-Fähigkeiten

1. Sit-Ups

Stelle dich in zwei Reihen auf und achte darauf, dass zwischen den einzelnen Personen genügend Platz ist. Die erste Person in jeder Reihe legt sich zunächst mit gestreckten Beinen auf den Boden. Sobald sich alle wohlfühlen, setzt man sich schnell auf und zieht ein Knie mit dem Arm zur Brust. Halte an und wiederhole die Übung dann auf der anderen Seite. Das ist eine tolle Übung, die deine Körpermitte stärkt und auch deine Koordination fördert.

2. Stehauf-Drill

Diese Übung ist ähnlich wie die vorherige, nur dass du dich hinstellst, anstatt dich hinzulegen. Beginne damit, dich langsam zu beugen, und halte an, bevor du deine Beine wieder ausstreckst. Konzentriere dich auf deine Körpermitte und achte darauf, dass du nicht das Gleichgewicht verlierst, indem du vorsichtig ein Bein nach dem anderen ausstreckst.

3. Gewichte nach vorne und hinten

Diese Übung ähnelt der Übung Nummer 2, aber mit Gewichten für die Knöchel. Nimm ein paar leichte Knöchelgewichte und zieh sie an, bevor du mit dieser Übung beginnst. Beuge dich mit gestreckten Beinen nach vorne und halte an, bevor du wieder aufstehst. Es kann schwierig sein, das richtige Timing zu finden, wenn du schwerere Gewichte am Fußgelenk trägst.

Du kannst im Capoeira nie aufhören, neue Fähigkeiten zu lernen, und je mehr Zeit du mit dem Üben verbringst, desto mehr wirst du lernen. Arbeite weiter an deinen Bewegungen, bis sie perfekt sind. Lass dich nicht entmutigen, wenn du am Anfang ständig stolperst. Versuche es weiter, bis du besser wirst.

Sobald du das Gefühl hast, dass deine Grundbewegungen besser werden, kannst du versuchen, andere Capoeira-Fähigkeiten zu erlernen, z.B. die Straße, das Schwingen des Säbels und sogar das Berimbau-Spielen, wenn du daran interessiert bist. Du kannst auch versuchen, deine eigene Capoeira-Schule zu gründen oder einer beizutreten, wenn du eine noch größere Herausforderung suchst.

Fazit

Capoeira ist eine brasilianische Kampfsportart, die auf der ganzen Welt praktiziert wird. Sie verbindet Tanz-, Musik- und Akrobatikelemente zu einer einzigartigen Mischung aus Kampfkunst und Tanz und unterscheidet sich damit von anderen Kampfsportarten.

Diese Kunstform stammt ursprünglich von versklavten Afrikanern in Brasilien, die ihre traditionellen Kampfkünste als Tanz tarnten. So konnten sie vermeiden, von Regierungsbeamten erwischt und als Rebellen abgestempelt zu werden.

Dieses Buch vermittelt dir ein besseres Verständnis der Geschichte der Capoeira und hilft Anfängern, diese Kampfkunst zu erlernen. Es führt dich durch die vielen ungewohnten Begriffe, die von traditionellen Capoeira-Praktizierenden verwendet werden, und erklärt das Graduierungssystem im Capoeira sowie die Bedeutung und den Sinn der *Roda* und des *Jogo*.

Außerdem werden die beiden wichtigsten Capoeira-Schulen vorgestellt - Capoeira Angola und Capoeira Regional - und du erhältst einen kurzen Einblick in die Capoeira Contemporânea. Manche Leserinnen und Leser haben vielleicht nur eine begrenzte Auswahl, welche Form sie praktizieren können, weil es in ihrer Gegend keine Lehrer gibt. Wenn du die Möglichkeit hast, dich zu entscheiden, hilft dir dieses Buch, eine fundierte Entscheidung zu treffen.

Als Nächstes führt dich das Buch durch einige der wichtigsten Prinzipien und Bewegungen der Capoeira. Dazu gehören die *Ginga*, die Tritte, das *Aú* und die *Esquivas*. Darüber hinaus lernst du die

Angriffstechniken im Capoeira kennen, darunter runde, kreisförmige und gerade Angriffe. Obwohl es sich um eine berührungslose Kampfkunst handelt, solltest du besser verstehen, welche Techniken du beim Spiel in einer *Roda* oder beim eigenen Üben anwenden kannst.

Das Buch führt dich auch durch defensive Capoeira-Bewegungen und erklärt, wie du dich während eines Spiels gegen einen angreifenden Capoeirista verteidigen kannst. Einige Techniken ähneln denen der Angriffsbewegungen, andere sind einzigartig für die defensive Capoeira.

Ein weiterer Aspekt der Capoeira ist die grundlegende Technik. Sie wird auch als *Floreios* (blumige Bewegungen) bezeichnet und trägt dazu bei, Capoeira zu einem visuellen Genuss zu machen. Dabei werden die grundlegenden Bewegungen so lange weiterentwickelt, bis sie so schön sind, dass sie die Zuschauer in Staunen versetzen. Gleichzeitig helfen sie den Capoeiristas, ihr Gewicht zu verlagern und das Spiel geschmeidiger und effizienter zu machen. Das Buch führt dich durch die Grundlagen von Capoeira, so dass du alle erlernten Techniken in ein Grundlagentraining integrieren kannst, mit dem du deine Fähigkeiten verbessern kannst.

Das Buch ging auf die enge Verbindung von Capoeira mit Musik und Tanz ein und erklärte, wie diese Elemente auch heute noch eine wichtige Rolle im Capoeira spielen. Außerdem befasst es sich mit der Ausübung von Capoeira als Fitnessmethode und gibt dir ein grundlegendes Capoeira-Workout an die Hand, das du jederzeit praktizieren kannst. Um dich als Capoeirista weiterzuentwickeln, haben wir dir Möglichkeiten aufgezeigt, wie du deine Capoeira-Fähigkeiten mit der Zeit verbessern kannst.

Viele Menschen, die sich für Capoeira interessieren, können nicht direkt von einem Lehrer lernen oder sind auf der Suche nach ergänzendem Material, um ihre Ausübung von Capoeira zu erweitern. Dieses Buch diente als umfassender Leitfaden für Anfänger im Capoeira, so dass du eine vertrauenswürdige Quelle hast, an die du dich bei allen Fragen wenden kannst.

Quellenangaben

Murphy, S. (2007, March 17). All you need to know about: capoeira. The Guardian. http://www.theguardian.com/lifeandstyle/2007/mar/17/healthandwellbeing.featu res4

Rohrig Assuncao, M. (2004). Capoeira: The history of an Afro-Brazilian martial art. Routledge. https://www.discoverahobby.com/Capoeira

The Music and Song of Capoeira - Ginga Capoeira Regional — Ginga Capoeira Regional. (n.d.). Gingacapoeira.Com. Retrieved from http://gingacapoeira.com/music

Robert. (2021, January 3). Capoeira vs taekwondo: Which one is better for you? Wayofmartialarts.Com. https://wayofmartialarts.com/capoeira-vs-taekwondo

PeterSoto. (2021, May 12). What is Capoeira Roda? In Capoeira. Sportsandmartialarts.Com. https://sportsandmartialarts.com/capoeira-roda-capoeira

Roda of capoeira. (2018a, November 8). Decapoeira.Org. https://decapoeira.org/en/roda-de-capoeira

Howcast. (2012, October 15). What Are Capoeira & Jogo de Capoeira? Howcast. https://www.howcast.com/videos/508304-what-are-capoeira-jogo-de-capoeira-capoeira

Capoeira information. (n.d.). Tulane.Edu. Retrieved from http://www.tulane.edu/~capoeira/info.htm

The Capoeira belt system explained by a Capoeira teacher. (2019, October 19). Dendearts.Com. https://dendearts.com/the-capoeira-belt-system-explained-by-a-capoeira-teacher

Rank & Grading System. (n.d.). Capoeirabeiramar.Com. Retrieved from http://capoeirabeiramar.com/classes/rank-grading-system

5 benefits you can get from practicing capoeira. (n.d.). Redbull.Com. Retrieved September 20, 2021, from https://www.redbull.com/pk-en/5-mind-body-soul-benefits-capoeira

Benefits Of Capoeira. (n.d.). Capoeiraoxossilondon.Co.Uk. Retrieved from https://www.capoeiraoxossilondon.co.uk/benefits-of-capoeira

Capoeira's social impact. (n.d.). Lalaue.Com. Retrieved from https://www.lalaue.com/learn-capoeira/capoeiras-social-impact

Health Fitness Revolution. (2015, April 17). Top health benefits of capoeira. Healthfitnessrevolution.Com. https://www.healthfitnessrevolution.com/top-health-benefits-capoeira

Is Capoeira hard to learn? No, and here's why. (2020, May 25). Dendearts.Com. https://dendearts.com/is-capoeira-hard-to-learn-no-and-heres-why

Kingsford-Smith, A. (2013, August 12). Disguised in dance: The secret history of capoeira. Theculturetrip.Com; The Culture Trip. https://theculturetrip.com/south-america/brazil/articles/disguised-in-dance-the-secret-history-of-capoeira

Murphy, S. (2007, March 17). All you need to know about: capoeira. The Guardian. http://www.theguardian.com/lifeandstyle/2007/mar/17/healthandwellbeing.features4

Pelourinho, C. B. (2015, November 14). Top 11 reasons why you must try capoeira. Capoeirabrazilpelo.Com. http://www.capoeirabrazilpelo.com/trycapoeira

da India, S. (n.d.). Capoeira Styles. Capoeira.Online. Retrieved from https://capoeira.online/philosophy/styles

What are the different styles of capoeira? (2011, October 26). Capoeira-Connection.Com. http://capoeira-connection.com/capoeira/2011/10/what-are-the-different-styles-of-capoeira

Wood, J. (2020, July 27). Ginga! 10 Capoeira Movements for Beginners. Retrieved from Soweflow.com website: https://www.soweflow.com/blogs/journal/ginga-10-capoeira-movements-for-beginners

What are capoeira's main philosophies? (2011, October 26). Retrieved from Capoeira-connection.com website: http://capoeira-connection.com/capoeira/2011/10/what-are-capoeiras-main-philosophies

Perninha. (2020, November 13). 11 Basic Capoeira Moves To know, Practice & How to use them.

Capoeira moves, capoeira techniques, and tips for learning! (n.d.). Start-Playing-Capoeira.Com. Retrieved from https://www.start-playing-capoeira.com/capoeira-moves.html

Capoeira Movements. (2013, October 30). Wordpress.Com. https://draculinho.wordpress.com/capoeira-movements

Capoeira Movements. (2013, October 30). Wordpress.Com. https://draculinho.wordpress.com/capoeira-movements

lapinha. (2019, February 9). Is Capoeira the Best Martial Art for self-defense? Papoeira.Com. https://papoeira.com/en/is-capoeira-the-best-martial-art-for-self-defense

Moves. (n.d.). Weebly.Com. Retrieved from https://selfdefense-withcapoeira.weebly.com/moves.html

The complete list of capoeira ground movements/floreios. (2020, June 10). Retrieved from Dendearts.com website: https://dendearts.com/the-complete-list-of-capoeira-ground-movements-floreios

Atabaque · Grinnell college musical instrument collection · Grinnell college libraries. (n.d.). Retrieved from Grinnell.edu website: https://omeka-s.grinnell.edu/s/MusicalInstruments/item/1244

Capoeira and Music. (2018, November 9). Retrieved from Decapoeira.org website: https://decapoeira.org/en/capoeira-and-musica

Capoeira dance in natal: Iconic symbol of Brazilian culture. (2014, April 21). Retrieved from Natalriograndedonorte.com website: https://www.natalriograndedonorte.com/capoeira-dance-natal

Faze Staff. (2014, October 2). Capoeira: Where martial arts meet dance - faze. Retrieved from Faze.ca website: https://faze.ca/capoeira-where-martial-arts-meet-dance

Ganza Musica Brasilis. (n.d.). Retrieved from Musicabrasilis.com website: https://musicabrasilis.com/instruments/ganza

Gorlinski, V. (2018). Berimbau. In Encyclopedia Britannica.

Johnson, C. (2009, August 31). The history of breakdancing... In Capoeira? - GaijinPot InJapan. Retrieved from Gaijinpot.com website: https://injapan.gaijinpot.com/uncategorized/2009/08/31/the-history-of-breakdancing-in-capoeira

Juan Goncalves-Borrega, Smithsonian Center for Folklife and Cultural Heritage. (2017, September 21). How Brazilian capoeira evolved from a martial art to an international dance craze. Retrieved from Smithsonian Magazine website: https://www.smithsonianmag.com/smithsonian-institution/capoeira-occult-martial-art-international-dance-180964924

Kingsford-Smith, A. (2013, August 12). Disguised in dance: The secret history of capoeira. Retrieved from Theculturetrip.com website:

https://theculturetrip.com/south-america/brazil/articles/disguised-in-dance-the-secret-history-of-capoeira

Murphy, S. (2007, March 17). All you need to know about: capoeira. The Guardian. Retrieved from http://www.theguardian.com/lifeandstyle/2007/mar/17/healthandwellbeing.features4

Pandeiro | musical instrument. (n.d.). In Encyclopedia Britannica.

Reco-reco. (2013, July 5). Retrieved from Allaroundthisworld.com website: https://www.allaroundthisworld.com/learn/latin-america/latin-american-instruments/reco-reco

Schmitz, S. (2015, February 5). World Music instrument: The agogô. Retrieved from Centerforworldmusic.org website: https://centerforworldmusic.org/2015/02/world-music-instruments-agogo

Style, B. O., & View my complete profile. (n.d.). Breaking and Capoeira. Retrieved from Breakingandcapoeira.com website: https://www.breakingandcapoeira.com/2019/02/the-influence-of-capoeira-on-breaking.html

The Editors of Encyclopedia Britannica. (2020). Capoeira. In Encyclopedia Britannica.

Capoeira fitness , stay in shape and prevent injuries! (n.d.). Start-Playing-Capoeira.Com. Retrieved from https://www.start-playing-capoeira.com/capoeira-fitness.html

Health Fitness Revolution. (2015, April 17). Top health benefits of capoeira. Healthfitnessrevolution.Com. https://www.healthfitnessrevolution.com/top-health-benefits-capoeira

Kuska, A. M. (2020, March 20). Is capoeira the secret to fitness? Myvetcandy.Com; Vet Candy. https://www.myvetcandy.com/livingblog/2020/3/20/is-capoeira-the-secret-to-fitness

What to expect – capoeira fitness DC. (n.d.). Capoeirafitnessdc.Com. Retrieved from https://www.capoeirafitnessdc.com/new-page

Improving your workouts with Capoeira. (2018, August 15). Brazilianculturalinstitute.Org. https://brazilianculturalinstitute.org/blog/improving-workouts-capoeira

Balacdo, V. A. P. (2017, June 12). 10 tips to be a better student in Capoeira by CM Xara. Cdohawaii.Org. https://cdohawaii.org/2017/06/11/10-tips-to-be-a-better-student-in-capoeira

www.ingramcontent.com/pod-product-compliance
Lightning Source LLC
Chambersburg PA
CBHW061555140426
43128CB00003B/6